房地产的解释

董藩　著

INTERPRETATION OF REAL ESTATE

海峡出版发行集团 | 鹭江出版社
THE STRAITS PUBLISHING & DISTRIBUTING GROUP | LUJIANG PUBLISHING HOUSE
2017年·厦门

目 录

第二章　北京房价能否涨到 80 万元 / 平方米

——谈谈中国房价持续上涨的逻辑

全国房价达到每平方米 9 万元，北京房价达到每平方米 80 万元，前提是这些约束条件不变或没有很大改变：社会稳定、金融体系不崩溃、不进行币制改革，收入随着经济发展而继续增长。

由于人口老龄化，很多房子空置了，很多人就认为房价会大跌。他们不知道在决定房价的过程中，房地产的供应弹性小，需求弹性大；不知道房地产没有替代品，需求一般不可能转移或消失；更不知道房价有黏性，涨易跌难。

第三章 “城市病”的治理药方

所谓就地城市化是指区域经济发展到一定程度后，非城市居民在原住地一定范围内，依托中心小城镇就地、就近实现市民化和城市化的方式。就地城市化有以下表现：一是人口集聚程度比较高；二是生产方式由第一产业向第二、第三产业转化；三是居民享受到城市的公共服务。

第四章 为啥有些行业超有钱

——金融、地产业及政府平台背后的货币运行

现代信用货币经银行体系创造之后，必定要在经济体系的某一行业或某一消费主体手中实现其购买力，这是货币存在的本质。我们认为，近 10 年中国的货币运行正如放开闸门的“大水”，通过金融的“河道”，大部分涌入了地产业与政府平台这两大“容器”。

第五章 房地产投资与政府负债

政府举债的风险体现在债权人往往高估政府的偿还能力，政府往往对利率等成本不敏感，政府为偿还债务经常“借新还旧”，政府可能把偿债压力转嫁到纳税人头上等。

第六章 改善类住房需求樊篱的破解及未来发展趋势

中国目前依然处于以增量市场为主的阶段，即房地产市场需求的满足主要依靠新增供应。在房地产增量市场中，新增城镇人口住房需求、旧房拆迁引发住房需求、改善类住房需求被认为是新增需求的三大主要力量。

第七章 土地财政：从哪来，到哪去

从客观上来看，土地财政增加了地方政府财力，使得地方政府有条件、有手段、大规模、一揽子地推进城镇建设，逐步完善城镇基础设施建设和地方公共产品与服务的提供，进而促进了国家经济总量的增长、城市经济的发展以及城市建设的加强。

前言｜用铅笔作水彩画

多年前曾听一位朋友讲起，美国社会的政治环境与中国的最大不同不在于政体、所有制结构，而在于普通民众的想法。尽管经常对其他国家的政治环境指手画脚，但美国实际上才是世界上“精英治国”的愚民政治运作最为成功的国家，占社会人口约 10% 的精英阶层控制着全国 80% 以上的社会资源，以他们出类拔萃的头脑维持国家机器的运转。而普通老百姓的任务，则是用选票把这些人送进国会。多数民众并不关心政治，也懒得关心，他们只是机械式地作为“理性经济人”将选票投给提出最诱人的福利条件和宣传口号的那帮“聪明鬼”。从经济学的意义上讲，这种政治形态发挥了人力资本的比较优势——把最适合的人安排在最适合的岗位上，从而提高了整个行政系统的运转效率，也降低了过程中的交易成本。而在中国，1000个中国人心中就有1000套治国方略，从企业白领到出租车司机，从游商小贩到在校学生，你几乎随便挑出一个来都能把中国的社会问题分析得头头是道，而谈及治理对策则更是滔滔不绝。

其实，做学者最痛苦的莫过于自己提出的理论和观点无人能懂，而等到问题爆发后才被世人重新审视。就像曾经成功预测次贷危机的纽约大学经济学教授鲁里埃尔·鲁比尼所说："我在2007年就警告过银行业，可是大家都被繁荣冲昏了头脑，那时我就知道，该来的迟早会来。"

再回到我写作本书的目的。实际上，催动我下笔的，只是我的良知与倔强，同时也有作为老师的那种已沁入骨髓的传道、解惑的欲望。和许多商业性很强的畅销书作者相比，我的身份是高校教师，没有曲折精彩的花边新闻，更没有显赫的背景，既从未指望靠写书挣钱，也不关心能借此提高多少知名度。换句话说，我所书所想的是我对一些经济问题的思考和预测，如果读者不认同，也不会对读者的生活带来什么实质性的影响，这是我想着重强调的。就拿我所擅长的房地产领域研究来说，中国每年房子成交额达几万亿元，如果说房价是我们一两个学者靠一张嘴就能炒起来的，那可真是抬举我们了。

还是那句话，真理不辩不明，我想做并且能做的，仅是给大家展示一些真相，启发大家思考和讨论。有些问题该提但别人不提，那么我还是要提出来。因为我坚信：不做比做错更可恶，这个社会还是需要一些人站出来说真话的。就像 2008 年房地产市场低谷期，我在不同场合劝人赶紧买房子，而一些人却持房价崩盘、腰斩的观点。我只是基于自己的市场经验和经济数据做出了预测，那些听我的话的人可以说受了大益。讽刺的是，劝阻人们买房的家伙们倒被奉为“人民的经济学家”，着实令人啼笑皆非。

抛开社会上对其他领域学者言论的无端指责不提，仅就我个人研究的领域来看，造成许多业内人士不敢说、不想说、不能说真话的根本原因在于财富观的分歧。这个分歧大致包含三个方面，原谅我此处用大白话来概括：一是“没钱的人”认为“有钱的人”站着说话不腰疼；二是“没钱的人”认为“有钱的人”在维护自己的利益；三是“有钱的人”告诉“没钱的人”怎么赚钱、鼓励他们赚钱反而被认为是露骨的炫耀。于是，“没钱的人”与“有钱的人”彻底对立起来，实际上谁也不知道“没钱的人”与“有钱的人”如何界定。在我接触过的人中，绝大多数会认为自己是“没钱的人”，但是对“有钱的人”的反感却在社会生根发芽并不断蔓延。

其实，站在一个公允的角度看，上述这种对立根本就没有必要。可笑的是，没有几个人认为自己有钱，大家都在向“更有钱”的目标迈进。于是，大家也都在向着自己反感的人努力迈进。那么，明知道这样是荒谬可笑的，为什么还要生这份儿闲气？换个角度看看，就算解决不了眼前的困难，那么令自己平和一些，也是难能可贵的，这就是我谈财富观教育问题的出发点。

摆正了这样的目标后，下面就是写作的问题了。当初出版社找到我，希望我能够以轻松、简单的形式谈谈对一些问题的看法，既需要让读者看得懂，把道理说明白，也不能以一般水平搪塞读者。这着实令我头疼了一阵。因为可读性和学术性往往是成反比的。对于读者而言，用数据、事实和经济学理论去论证一个观点，一定不如开门见山地用通俗易懂的话告诉别人“我是怎么想的”效果好。习惯了论文专著的条条框框，说多了繁复晦奥的业内行话，用直白的语言描述严肃的问题于我几乎是用铅笔创作水彩画，着实不是我的专长。好在喜欢直言，痛恨模棱两可、拐弯儿抹角的我，近年来在让许多娱乐大众的媒体过足了瘾的同时，也更能心平气和地阐述我热爱并且尊重的研究领域的严肃问题，鼓励大家多多创造财富。

响鼓无需重槌，大道理讲多了就空了，小道理绕多了就瞎了，宣传理论观点如果需要大段的推论就黄了。与其挣扎于避免不必要的争执和探讨严肃问题的两难选择之间，不如就把本书的写作当作一次发牢骚、说看法、谈心得的过程。和多数文章开篇大谈特谈奉献、信念、梦想不同，我想反其道而行之，先从最入世、最基础和人类最浅层次对于物质的需求谈起，不涉及什么“主义”和“信仰”，慢慢地分享自己的体会。

用铅笔画的水彩画，读者只需品析它的线条框架，无须在色彩、血肉上过分较真儿。我已经告诉你这是铅笔画的，想一想就得了，于我也就够了。

第一章
也谈国民的财富观教育

我所期待的，是引发读者的思考，而不是结束读者的思考；希望帮助读者看到存在的问题，而并不想也不敢说自己一定能帮读者解决问题。有些问题，“总理”和“总经理”说了都不算，读者自己想通才是王道。

作为添头的开头

从题目用意来讲，我自以为有欠妥当。“也谈”似乎是别人也说过，然而在我国含蓄内敛的文化传统里却很少有人愿意提及财富观这个话题，以至当今中国的国民财富观大抵是由社会传统意识自然形成的，而难以说成是教育的结果。从内容深度来讲，这一节似乎是无关紧要的。没有什么图表、数据，更没有华丽的辞藻和严谨的推理，就连经济学的高深引据也是少之又少，有的只是几个故事和一点关于个人感想的漫谈，放在篇末作为添头可能更为合适。将其放在本书第一节，实际是受到微博网友和学生的启发，同时也与我写作本书的目的有关。

在我写作本书的过程中，我的学生会偶尔读到一些已完成的部分。有个刚上研究生的孩子半开玩笑地说：“老师，您写的怎么这么像教材？人家读这本书都是为了放松，谁会有耐心看啊。”又有个很聊得来的网友说：“董先生，照你的这种写法，别人读几页、看看标题，后面肯定又会不看内容就开始瞎评论了。”

对于别人的瞎评论，我早已见怪不怪，但2014年9月登出的一则新闻，却让我心中凄凉了很久。国家最高科技贡献奖得主吴良镛院士在人民大会堂对6 000多名新入学的研究生发表题为《志存高远　身体力行》的演讲，下面却睡倒一片。新闻在网上登出，一时间闹得沸沸扬扬。而网上竟然有一大部分评论说：老院士讲的东西官话连篇、过于迂腐，不合学生的胃口。是可忍，孰不可忍！

暂且不论对德高望重的老院士起码的尊重问题，仅是这种对牛弹琴的窘境就令我唏嘘不已。我在讲课时虽然没碰上过学生睡觉（或许是因为在校学生不敢睡，而社会培训的学生睡不起吧），却感同身受：多年来某些媒体不怀好意的断章取义让很多人忽视了事实、忽略了内容，甚至放弃了理性思考，患上了“选择性失明”，只盯着陈述观点的只言片语，固执地在自己的小天地里对他人钻研多年、深思熟虑后的结论指手画脚。直到多年后，一位同事的一句话才点醒了我：“绝大多数人并不关心你是怎么想的，只需要你想的跟他们想的一样就行了。”

大彻大悟！当我还沉浸于依靠理论、公式和数据来证明和陈述见解的梦想中时，这句话可谓一语点醒梦中人：如果读我文章的人对于所谈的问题已经有了一个情绪化、非理智的所谓“观念”，而这个“观念”又与我的观点在立场、方向上完全相左，那么我所期待的思想上的对话之根基也就荡然无存了。

鉴于本书的绝大多数内容都是关于认识和财富创造的，我想在一开始的“热身阶段”就先谈一谈财富观问题，进而结合自己教师的身份，谈一谈对财富观的培养与教育。

话虽如此，读者们也不必过分联想。本书所谈及的内容大多是读者耳熟能详的，所谓不同也仅是看待问题的方式和思维的路径不同。我所期待的，是引发读者的思考，而不是结束读者的思考；希望帮助读者看到存在的问题，而并不想也不敢说自己一定能帮读者解决问题。有些问题，任何“权威”说了都不算，读者自己想通才是王道。

毕竟，“教育国民”要努力赚钱、创造财富这个主题，时下至少在学界仍是不鸣之地，许多资历比我老、道行比我深的“大牛”在学校里也都避之唯恐不及。由此看来，“也谈”也是无奈之选，权作“也可以谈谈”的商榷之意。而选用“国民”一词则是想借那时直言诤谏之文人的笔触，提升一些催化思考的效果。至于“财富观教育”，完全是个人一孔之见，或许是职业病作祟吧。然而作为教师毕竟是光荣的、肩负责任的，就像2014年教师节习总书记在我们学校曾经说的，“教师重要，就在于教师的工作是塑造灵魂、塑造生命、塑造人的工作”，想到这一点，顿觉自己“高大上”起来。但是，谈斯事如医重病之躯，我这剂药未必见效，还需读者日后的努力；在不毛之地开犁，非议是在所难免的，但只要能启发大家的思考，我愿接受这第一只“冰桶”的挑战。

传统上，谈一个东西前，先要给这个东西下个定义，然后再阐述它是多么重要。我想在这之前，还是先讲几则小故事。

财富观决定了一个社会的发展轨迹

曾经有人做过这样的统计，《美国宪法》自 1787 年制定至今的 200 余年中，进行过 18 次修订，提出 27 条修正案。美国社会制度和法治基础稳定的根本原因在于，它为全社会树立了一个较稳定的财富观，这种经济观念作为基础决定了美国的上层建筑。

先来看建立美国、打下《美国宪法》根基的是怎样的一群人：美国国父华盛顿曾是个大奴隶主，这早已尽人皆知，他的父亲生养了 10 个孩子，拥有多处农庄，是当时有名的“大地主”。当 1743 年华盛顿的父亲病逝时，他只分到了 10 个奴隶及一个农庄，但在他的苦心经营下，1774 年（注意时间），他已拥有了 8 000 英亩土地和 135 名奴隶，就连他的夫人玛莎的嫁妆里都有 40 多名奴隶。美国的另一位建国者，也是美国《独立宣言》（1776 年）主要起草人之一托马斯·杰斐逊也是大奴隶主出身，甚至有新闻揭露其命令医生从奴隶口中强行拔牙齿为自己补牙的恶行。在《美国宪法》签署人中，雅各布·布鲁姆、皮尔斯·巴特勒、本杰明·富兰克林、詹姆斯·威尔逊等人无一例外都是联邦各州富甲一方的奴隶主。

实际上，在美国建国初期，使这帮人联合起来的，不是对于“民主、自由、平等”的向往，而恰恰是对自我财产的保护意识，这一点从美国国父们的言论中不难看出。美国《独立宣言》签名人之一拉什曾说过：“民主是恶魔之最。”《美国宪法》的签字人和执笔人之一莫里斯说道：“民主都以独裁为归宿。”执笔《美国宪法第一条修正案》的费雪道：“民主的已知倾向是将野心勃勃的号召和愚昧无知的信念当成自由来泛滥。”麦迪逊则说：“民主是一副由动乱和争斗组成的眼镜，从来与个人安全或者财产权相左，通常在暴乱中短命。”汉密尔顿更直接地指出：“民主是一种疾病。”因此，在打着“自由、民主”招牌成功建国以后，1791 年的《美国宪法修正案》中就迫不及待地加入了“人民的人身、住宅、文件和财产不受无理搜查和扣押的权利，不得侵犯；不经正当法律程序，不得被剥夺财产；不给予公平赔偿，私有财产不得充作公用”这些条款。

如今来看，这种当权者的自我财产意识所产生的一系列连锁反应或者说“副作用”可能是美国的建国者们谁也没有预料到的，源于保护私产的动机所设立的规则无意间却为全社会树立了一套积极的财富观：追求财富是光荣的，私人财富是受到保护的，至于追求财富过程的合理和合法性则由其他社会规则所调节。即便是穷小子出身的林肯“半路上”废除了奴隶制，这种财富意识也早已在美国国民心中牢牢地扎下了根。在制度经济学保护产权完整性的理论逐步成熟和为人所接受后，随着人们物质生活的丰富以及私有财产的盈实，此时再谈保护私有财产已经几乎不再有反对的声音。正是这种追求财富、创造财富、保护财富的“宪法精神”助力了“自由、民主、平等”的“美国梦”，带来了之后200年间的繁荣。

可见，《美国宪法》之所以稳固而有效，不在于拟定者多么有远见、多么高尚、多么聪明，而是奴隶主出于保护自我财富的目的无心插柳的结果，它的成功在于抓住和顺应了人自利的本性，塑造了一个稳固有效的财富观。

财富观影响着人一生的命运

一个人的财富观大体由三个部分构成：一是对于财富重要性的认识，也就是认为财富有什么用；二是对于财富的态度，也就是财富的好恶取向；三是捕捉财富机会的敏感性和创造财富的能力。这三者都对一个人一生的轨迹发挥着重要的影响。

首先来谈谈对财富的重要性的认识问题。实际上，作为一名老师来讲钱的重要性是需要勇气的。在中国的文化传统里，老师应该教导学生富国安民、济世成材，不应沾染丝毫铜臭。因此，老师们常常一上来就对学生们高谈阔论人生、理想，而绝口不提鼓励大家赚钱的事。我想对同行们说的是，即便我们用尽浑身解数，把学生们“教育”得热血沸腾，个个立志不谋私利、不计回报，为全人类鞠躬尽瘁，但如果无法帮助他们认识到财富基础的重要性，而一味地鼓吹理想、抱负，只会让大多数学生怀揣理想却不知如何施展，那我们的“塑造人灵魂和高尚道德情操”的教育就成了瞎折腾。这是由社会分工的客观规律所决定的：只有解放了手，保住了口，人才有工夫、有精力去思考问题。

在人类文明发展的几千年中，许多重要的思想创新以及大发明、大创造都是所谓“富人”的贡献：柏拉图出身于雅典贵族，他的学生亚里士多德则是奴隶主阶层中的中产阶级；孔圣人是商汤后裔、士大夫出身；庄子的祖上则是楚国贵族，衣食无忧。在经济学的发展历程中，这样的例子更是不胜枚举，亚当·斯密、大卫·李嘉图都是地主出身，萨缪尔森、弗里德曼也都成长在富裕的环境中。

即便可能会有哥白尼、布鲁诺这样的个例，但又有谁能指望和苛求经历如此辛酸的人能够克服种种艰辛并有余暇钻研探索？换个角度想，如果当时两位有富裕、殷实的经济基础作为支撑，能够将用于谋生的时间和精力更多地用于对科学和真理的探索，那他们的贡献可能会更大！华人数学家张益唐先生在证明“孪生素数猜想”方面做出了革命性的贡献。这位名不见经传的教授在获奖后，首先感谢的是在他穷困潦倒的时候，介绍他去餐厅洗碗打工的同学；正是那些打工获得的收入，保障了这位天才的头脑不断运转，最终取得傲人的成就。

由此可见，财富基础对于一个人的发展与成就具有决定性的影响。财富不是目的，而是实现目的的基本物质保障；财富不等于贡献，却是产生贡献的“温床”。因此，赚钱、致富不应被当作一个忌讳、丢人的话题，即便是在一向“清高”的学术圈中也应如此。

仅仅认识到财富的重要性是远远不够的，就我自己的经验而言，树立阳光、积极的财富观，大胆而理性地追求财富是一个学生成才的基本品质之一。“不仇富”是我挑选学生的一项重要的标准。北京师范大学是一所面向全社会招生的学校，我的学生绝大多数来自普通家庭。我常常跟学生们说：虽然财富不是衡量你们成绩的唯一标准，却是你们实现成功的基础。你们现在都没有钱，老师也不会手把手地教你们赚钱，但老师要告诉你们的是，如果你们仇恨富人，那么你们就一定不可能成为富人，更不可能为社会做出贡献。

在从教的20余年中，我有一个很深的感触：随着经济社会的发展，学生们的心态也发生了明显的变化，对于越发突出的财富分化现象，学生们表现出截然不同的两种态度。一些学生努力促使自己融入社会环境，适应时代的变化，从别人的成功中吸取经验，保持阳光、向上、乐观的心态，这类人如今大多已事业有成，为社会做出了贡献。而有一些学生，总是跟别人攀比眼前的物质条件，时常抱怨社会对自己如何不公，心中充满了自卑、沮丧，成天生活在压力中，却固执地认为努力也没有希望，甚至将自己暂时的清贫怪罪到别人富有的头上，滋生出报复社会、仇视社会的心理。这样的人大多在毕业后就失去了联系。偶尔听到其中几个人的消息，却得知依然生活得十分艰辛，不仅没有为社会做出应有的贡献，有的甚至成为社会的负担。每每想起，我都唏嘘不已。

当然，这里只提出了如何看待财富的问题，树立正确的财富观除了“不仇富”外，还要学会如何创造、利用财富。我的学生曾向我讲述过他的亲身体会：他来自一个二线省会城市的中产家庭，父母亲都是当地国企的中层干部，他高中时就读的是全省最好的中学。他最好的朋友家里经营着当地一家小印刷厂，是一个生意人家庭，两家的经济条件相差无几。2004 年高中毕业后，他和这位朋友一道考取了北京的高校，当时两人都还没有对未来的生活形成规划，也没有明确将来会在哪里工作。而就在当年，他家和朋友家都在家乡得到了一次集资购房的机会，当时的价格是 3 000 元 / 平方米，而那时北京市四环边的房子才卖到每平方米 7 000元左右。此时，不同背景的两个家庭做出了截然不同的选择，我的学生家里权衡再三，还是决定全资购买当地的房子；而他的朋友家则贷款购买了北京的房子。由于没有背负贷款的压力，此后的几年中，我学生的家庭过得相对宽裕，而他的朋友家则“总显得紧巴巴的”。直到 2012 年，当他们一同决定在北京扎根的时候，我的这位学生才意识到当初的失策：经过这么多年，他家乡的房子的市价虽然也涨了 2 倍多，达到 10 000 元 / 平方米，而北京的房价则翻了将近 4 倍，达到近 30 000 元 / 平方米。如今，他的朋友已经在北京的房子里完婚，孩子也已经出生，而他则依然在为一套房辛苦奔波。谈及此事，他说：“2004 年，房子首付最多只需两成，在北京四环边买一套 100 平方米的房子也只需要贷几十万元，每个月的月供不过三四千元，是绝对可以承受的。如果我当初知道北京的房价会涨成这样，我一定放弃在家乡购房而选择在北京置业，那点暂时的紧张根本就不算什么。”如今，仅从家庭资产总值来看，当初条件差不多的两个家庭，在几年工夫就已拉开了很大的差距。从家庭幸福感而言，他的朋友家虽然紧张了几年，如今却苦尽甘来；而他自己却错过了拥有一个固定居所的机会，即便卖掉家乡的房子来付首付，依然需要背负上百万元的贷款负担，结婚生子更是遥遥无期。一步慢，步步慢啊！客观地说，我的这名学生的家长是那个时代的大学生，论学识、阅历绝不比那位商人家长差，其选择失误的根本原因，在于他们缺乏那位商人家长所独具的、对于稀缺资源的敏锐性。

近年来，这样的事情很多，各位读者只需稍加联想即可在自己或者周围的人中找出相似的情况。这个案例反映出了正确运用、配置财富的能力对于一个人、一个家庭的发展路径有着决定性作用。而这种能力就是财富观的重要组成部分，也是我多年来在授课时和其他公共场合中致力于向大家解释、传授的重点内容。

通过以上这些小故事和个人体会，正确而科学的财富观的重要性已无须多言。而真正让我感到财富观不可不谈的，是我国社会中存在的关于财富观的问题。

且看我们国家的财富观念

中国社会文化的一大特色是“中庸”“变通”，换一个角度形容就是“世故”“圆滑”。俗话说“好马不吃回头草”，可俗话又说“浪子回头金不换”；俗话说“男子汉大丈夫，宁死不屈”，可俗话又说“男子汉大丈夫，能屈能伸”；俗话说“言为心声，言无不尽”，可俗话又说“交浅勿言深，沉默是金”；俗话说“车到山前必有路”，可俗话又说“不撞南墙不回头”。对财富的认识方面，其矛盾、冲突就更大了：俗话说“金钱不是万能的”，可俗话又说“有钱能使鬼推磨”；俗话说“贫贱不能移”，可俗话又说“人穷志短，马瘦毛长”；俗话说“人人为我，我为人人”，可俗话又说“人不为己，天诛地灭”。

与此相对应的是，中国几千年的封建帝王统治在形成了高度分化的社会财富结构的同时，也催生了“主流意识形态”对人们追求财富欲望的压制。为了最大限度地占有有限的资源，维持统治的稳定，当权者往往编织、鼓吹一整套伦理道德，劝说人们不计私欲地“怀着高尚的道德情操和以天下为己任的崇高理想”为巩固政权努力奉献。

在这种统治者与被统治者观念的博弈中，中国人对于财富观念和欲望的表达变得越来越含蓄，不谈金钱、不计私欲似乎成了衡量君子的标准；而“锱铢必较”“满身铜臭”等词汇的发明则成为“对付”那些谈钱之人的利器。到后来，人们不仅羞于谈钱，就连有钱竟然都成为一种“原罪”。而当这种态度极端化发展时，就产生出仇富心理。或者说，仇富在国内会成为一种现象，在某种程度上具有一定的文化基因。看看中国的历史书、古典小说，几乎没有正面描述富人的。从朝代演进来看，中国的历史几乎就是在“重农抑商”“学而优则仕”的思想推动下发展的，而几乎所有的农民起义都是用“均贫富”这类口号号召起来的。文学作品如《水浒传》《三侠五义》等，甚至将劫富济贫渲染成了正义的行为。

不断地强化社会财富的公有制改革，在消除私有制的同时，也极大地抹杀了人们对于拥有个人财富的意识，打消了人们追求财富的积极性，仇富情绪也间接被放大了。

仇富情绪在中国有着传统文化的根源，着实不是近代以来所产生的问题。在人们的眼中，“共同富裕”可能就是“一样富裕”。经济体制调整后，习惯了计划经济的生活运转模式、过度依赖政府的老百姓，却并未放弃从政府那里索取自身利益的念头，认为什么都是政府应该管的，什么都是政府管得了的，管不好就说明政府有问题。

其实，从客观规律的角度来说，由于人的个体差异始终存在，人类社会永远也无法实现绝对的公平。中国社会贫富不均的问题根源在于人口和资源的矛盾。就拿房价问题来说，普通民众之所以买不起房，根本原因在于生产要素的稀缺程度不同。在中国，土地、资本、劳动、管理四大类基本生产要素中，土地的有限性是最高的，因而决定了它在社会财富分配中的主导和统治地位；劳动力是中国最不缺的，因此它在中国的社会财富分配中自然地处于弱势地位；工资和房价的差距是自然经济规律所决定的，而房地产领域的高利润也是由于地产业价值量大、进入门槛高而竞争不充分造成的自然垄断现象。在中国目前的土地资源禀赋状态下，狼多肉少、僧多粥少的局面谁都改变不了，骂谁都不管用；与其坐困愁城、有闲心去“针砭时弊”，不如多想想如何改善自身的竞争条件。

遗憾的是，有很大一部分人不愿意接受这一现实，理性在利益面前显得那样弱不禁风。话又说回来，努力创造和积累财富本是正常和健康的社会意识，为何会演变成仇富？细细想来，便会恍然大悟：实际上，很多打着公平旗号而“气人有笑人无”的人并不是真的想要公平，而是想着“自己怎么才能比别人有钱”，只要自己过得比不上别人，就会羡慕嫉妒恨。我把这一现象比作“公交车效应”：财富好比是一辆公交车，而致富的机会则像公交的站点。公交车不时会进站载客，已经挤上公交车的人希望在车上抢到更好的座位并赶紧开车，尚未挤上车的人则希望公交车能多等等自己，一旦车开走了，就会满腹牢骚地咒骂挤上车的人，心中却憧憬着挤上车的那一天；偶尔碰到一两个不慎掉下车的人，便心中大悦，狠狠地骂一声“活该”。

可悲的是，尽管大家都意识到这种病态的社会现象，却很少有人致力于改善、矫正社会的财富观。

国民财富观教育的缺失与偏颇

财富观是一个人价值观的主要组成部分，它在很大程度上是社会环境和家庭环境的塑造下自然形成的，难以通过传统的教育手段加以塑造。换句话说，财富观出问题是教育缺失、偏差造成的，却不能完全通过教育加以扭转。这里所谈的教育其实更多的是“影响”的意思；“教育人们的财富观”实际上也是无奈、牵强的说法，其本意是改善、矫正我们的财富观。

从我国目前的教育方法来看，先不谈财富观教育是否正确，因为财富观教育基本还处于缺失的状态。我的一个博士生被公派去美国东部一所公立大学联合培养。两个月后，这孩子给我打电话时聊起他在国外的见闻，其中一件事令我印象深刻。他说当地高校里除了理论课程外，还有一门十分有趣的课程，叫作“学业理财规划”（大体上是这么翻译的）。这门课和专业基础课程一样，是低年级学生的必修课，其主要内容是教学生如何打理自己的日常收入以满足学业的需求。承担这门课的老师囊括了私营企业主和会计、金融、保险等学科的教师以及高年级的学长，课程亦包含金融工具应用、自主创业程序等一系列实践内容。他感慨地说，人家的孩子一上学就开始学怎么赚钱，很少依赖家庭的资助，进入社会前就成了理财的能手；而我们上学的时候要么只教知识应付考试，要么只谈理想灌输信仰，最基本的谋生手段却没有人教。学校培养了这么多高学历“人才”，可是大多数人直到从学校毕业挣到第一个月工资后，才知道柴米油盐多少钱，才有了“理财”的概念，才开始摸索怎么精打细算地过日子。这期间，一些心理落差和挫折打击往往会彻底扭曲孩子们的财富观甚至人生观。

诚然，美国的大学生能够依靠自己在假期的零工来负担生活成本，这是在美国特定的经济社会条件下才能实现的，我们国家目前还不具备这种现实条件。但是，通过这件事情我们的确可以看到，我们的教育除“理论”和“理想”之外几乎完全没有关于谋生手段的教育。这就像把一个保温箱中长大的孩子突然扔到冰天雪地里，他知道理论上如何获取猎物、堆砌雪屋，也有强烈的求生欲望，却没人扔给他一把铁锹。

我们的孩子接收到的负能量已经太多了，然而一些伪善者依然打着传统文化观念的幌子不依不饶地向孩子们灌输毫不利己、专门利人的不切实际的，连他们自己都不信的观念。我们从小接受的教育经常鼓吹“视金钱如粪土”。陶渊明“不为五斗米折腰”的故事被传为佳话，但很少有人告诉孩子，陶渊明最后是贫病交加而死的。我们十几岁的孩子可以熟练地解出复杂的微分方程，说出抽象的量子力学概念，可以在数、理、化、音、体、美等各方面横扫世界上的同龄人，却很少有人专门教他们应该怎样赚钱养活自己、满足自己基本的物质需要。

即便是在财经领域的高等教育中，依然存在类似的怪现象。我们的书本上教给大家的大都是如何为社会创造财富，我们出的考题经常是以某某企业为例，几乎不曾见到以学生自己为设定对象而研究如何创造财富的问题，而后者在欧美国家却是司空见惯的。不爱谈钱、羞于谈钱的文化自小就在中国人的心中扎下了根。我真的不明白，为什么我们不能大大方方地跟孩子们说：你们长大了要努力实现你们的理想，也要努力挣钱养活自己？

其实，如果只是缺失关于财富观的教育，那么还不至于那样可怕，补上就好，就像在白纸上作画，相对容易一些。最难的是矫正已经扭曲的财富观，这就好比非要把一棵畸形的树苗培育成栋梁之材。而我们的财富观教育实则从根上就已经歪了。

我曾经听过这样一则教育案例：一位老师给一群中国小朋友和一群外国小朋友讲同样一个故事，故事来自我们十分熟悉的《聪明的阿凡提》。故事大体是这样的：有一天，阿凡提来到地主家，向地主借了一口小锅。当阿凡提把锅还回来的时候，还带来了一口更小的锅。地主见了纳闷儿，就问阿凡提："这口小锅是怎么回事呢？"阿凡提答道："这口小锅是您家的锅生的，所以一起还回来了。"于是，地主欢天喜地地收下了两口锅，告诉他以后想用锅就来借。不久，阿凡提将地主家最大的那口锅借走了，然后一直都没有还。地主去要，阿凡提说："您家那口锅死了。"地主很生气地问："锅怎么会死呢？"阿凡提回答："锅都可以生孩子，怎么就不会死呢？"地主很生气，但是拿阿凡提也没有办法。

故事到这里结束了，可是中外小朋友的反应却截然不同：当老师问中国小朋友怎么看待这个故事时，孩子们几乎无一例外地称赞阿凡提聪明、机智，谴责地主的自私和贪婪。而外国小朋友则完全不同，在了解了"锅""地主"这些基本概念后，学生非但没有对阿凡提表现出钦佩和赞扬，反而都认为阿凡提是一个狡诈、贪婪的坏人。既然他家有小锅，为什么还要去骗别人的大锅呢？他之所以穷得要借锅，大概就是因为只想着不劳而获，要诡计骗别人的东西。他如果把心思用在努力工作上，一定可以赚很多锅回来。还有，他再去跟别人借东西，肯定没有人会借给他了，因为他失去了信用。同时，地主也不对，人家都穷到向他借锅了，他还要贪财，昧着良心收下人家的小锅。

一则简单的小故事，不由得引发我们深思：为什么中国的小孩子听完故事后立刻就有了明确的立场？为什么美国的小孩子能够从我们很少考虑的角度去思考问题？我们那么小的孩子竟然已经认为穷人向富人骗钱是天经地义的，而不能站在客观的角度去接受“真诚、公平、互信”这些最基本、最天然、最普通的人类共同价值观。仔细想一想，不由得令人毛骨悚然。

财富观教育之我见

尽管我一再拿中国和外国对比，但这并不是说我们要照搬西方的财富观念。在中国特殊的国情条件下和社会传统文化背景中，探索一条属于我们自己的财富观的培养方式是唯一的出路。

孔圣人曾说：“富而可求也，虽执鞭之士，吾亦为之。如不可求，从吾所好。”大意是说：“如果发财致富可以通过正道去追求并得到的话，就是当个提着鞭子为人开道的人，我也干。如果不可以通过正道追求得到，那就干我愿意干的事。”前提是可以通过正道追求得到，如果不可以则不强求，就是不要把挣钱放在第一位。由此可见，向钱看没错，不顾一切、不惜代价、不择手段地向钱看才有问题。所谓“君子爱财，取之有道”。我们应该鄙夷的是不劳而获、以权谋私、昧着良心赚钱的人；对于通过正当途径、合法手段获得财富，则应该加以肯定甚至鼓励。

说到这里，我想再提一下多年前由我引起的“4 000 万元事件”的媒体狂欢。尽管遭受到了多方的非议，但是时至今日，我依然坚持我的基本观点：我们应该大胆、大方地鼓励学生去挣钱。我还想加上一句：只有创造生产力的知识才是适应社会需要的知识，才是有价值的知识，而传授这些知识的专业才能生存下去。我的这种观点产生的根源，在于我对教育使命的理解。

应将鼓励学生致富摆在教育的台面上

我不是教育学的研究者，但我是个教育工作者。在从事教学的过程中我一直在思考：我们的教育究竟是为了什么？在此，我想引用2012年10月文汇出版社出版的教育大师怀特海的《教育的目的》（*The Aims of Education*）一书的观点道：学生是有血有肉的人，教育的目的是激发和引导他们的自我发展之路。我对这个说法很认同，即教育一定要与学生自身的自我发展结合起来。由此我认为，教育其实是提供一种商业化的服务。

在市场经济条件下，我把教育看作一种市场：需求者是受教育者，学校是生产者，学费就是价格。有人可能说，有些教育是免费的，用你的理论解释不了。我不这么认为。在免费教育条件下，学校是依靠财政支持运转的，而财政收入的主要形式是税收，也可以看作人们购买政府公共服务的支出。既然如此，生产者提供的服务必须以满足市场需求，即以受教育者的家庭需要为基本目标。

学校能够给学生提供的培养服务主要包括三个方面：首先是专业文化知识和技能，这是基本的需求，而家庭内部往往不能提供这部分供应；其次是学生自身的道德修养，这实际上是家庭教育的补充；最后是认识和适应社会发展的能力，其中包括政治素质，执政者总是偏重这一部分，但是家庭与学生一般并不太关注。无论说得怎样隐晦，有一点是不可否认的，即家长们花十几年的心血把孩子送到学校里来，绝不仅是为了让孩子做个好人。家长们对教育的最基本要求，还包括教会孩子们如何谋生。但是，虽然社会有广大的需求，我们的传统却禁止我们提供供给，总是对“如何赚钱、如何生活得更好”这种最基本、最迫切的问题避而不谈。

对于我所从事的专业而言，培养财富意识是我的工作内容之一。我对我的学生们说：我希望你们努力奋斗，做人上人。为什么？因为到了那个层面，一定意味着对社会做出了更大的贡献。自己富了意味着创造了很多GDP、税收、就业岗位，也帮助了低收入者，并避免自己、家属及亲属成为社会负担，当然前提是合理合法致富。在西方，富人为什么受到尊重？因为富人创造了财富和就业机会，给政府创造了税收，政府又拿着税收补贴了穷人，帮助了大家，所以富人一定受到尊重。但在我们国家则不同，这是整个社会心态的问题。

如前所述，在当今中国的社会环境中，将正确的财富观引入课堂十分重要：第一，要大胆地鼓励学生合理合法致富；第二，有了钱要会花钱。怎么花钱也能显示出花钱者的境界，比如慈善捐助行为。须知慈善活动是人类物质文明发展自然形成的，是人们的财富水平达到一定层次后自我理想和社会责任感升华的结果，不是信仰哪个主义、靠什么方法能够宣传和教育出来的——鼓励致富非但不与社会正面价值观存在冲突，反而是践行这种正面价值观的一种出路。这些都是财富观，一方面是合法挣钱，另一方面是合理花钱。

在我们以往的教育中，很少有对于财富观的引导，甚至于大家都耻于谈财富。老师谈财富，就有人说老师的境界太低了。老师和学生谈财富，就好像是在炫耀自己有钱。我站在那个讲台上谈论财富观，不是在说我就是富有者。很多人会反问我个人有多少钱。这与在课堂上讲财富观有什么关系？还是那句话，我可以忍受自己不富裕，但不希望学生贫困。

高学历者的贫穷是对教育资源的严重浪费

在这里，我想先谈谈我们国家的科技进步问题。有个著名而发人深省的话题叫作“钱学森之问”，大意是为什么民国时期我们国家诞生了许多大科学家，而当今社会却培养不出拔尖的人才？我的答案很简单：年轻人太穷了！民国时期，以鲁迅先生为例，有人做过估算，如果以当时房产的价格计算，先生的月薪相当于现在的100多万元，仅需3个月的工资就能买得起一套房产。再与国外相比，2008年美国公立大学教师的平均年薪大约为109 569美元，私立大学教师的年薪则达到144 256美元。反观我国，在当下的高校里，有能力、有精力、掌握新方法、具备世界眼光的其实是中青年教师，绝大多数老教师思维已经僵化、固化。年轻人才是我国科研的主力和希望所在。但是，现在高校里的年轻人月收入不过几千元，还大都处于上有老、下有小的阶段，高昂的生活成本逼迫着他们不得不四处走穴赚钱来维持基本的物质需求，而真正可以用在学术研究上的精力十分有限，这样又怎么能取得伟大的成就呢？由此看来，抛却财富基础而空谈学术报国，不过是徒劳的幻想而已。厦门大学前校长就曾经说过，高校最重要的问题是年轻老师的住房问题。结果引来一片骂声，有人批评他物质主义，有人说他是功利主义。实际上他说得一点都不错。

在批评我的言论中，也曾有许多人举起了“远大理想、塑造灵魂”的大旗，认为我应该教导研究生如何搞好学术研究，树立报效国家的志向，而不应该总是跟学生谈钱。我实在看不出二者之间有什么矛盾。

我工作的场所是高校，我授课的对象是中国同龄人里资质最好的一批（北京师范大学的招生分数在各省通常都在前十位），我面对的是研究生、博士生。如果我自己的生存状况很窘迫，住三四十平方米的小房子，和父母、岳父母挤在一处，妻子怀孕了还得挤公交、地铁，那么自然会向学生传递一种负面的信号：做学问肯定要甘守清贫。试问在当今的社会环境下，还会有几个学生愿意去做学问？如果做学问的人都不能体面地生活，我们拿什么来鼓励学生做学问？

多年间，我教过的许多聪明、才华出众的学生本可以在更大的城市中、更好的平台上施展拳脚，实现抱负，但最后却由于缺乏财富基础，不得已去了二、三线城市，在远低于预期的单位委曲求全。这常常令我十分痛心。也许有人会说，他们应该适应社会，调整心态，放低身价。但是这些学生读书读到这个层次，哪个不是倾尽了父母的心血、耗费了家庭大量的财力？我们国家为了培养这些高学历的人才，又花费了多少人力、物力？在巨大的投入之后，我们期待的是他们积极发挥所学所长，为社会创造更大的贡献，并同时收获与自己的付出相匹配的人生，而不是要求他们“纡尊降贵”地去被动接受一个可替代性高的简单工作。这绝不仅是高学历人才自身的问题，应当引起全社会的共同反思。

健康财富观的几个重要方面

在我看来，正确的财富观应该包含如下几个方面：一是“不仇富”，应当对合理合法获得财富、正当使用财富的行为给予鼓励；二是“不媚富”，财富永远是条件而不是目的，是辅助而不是目标；三是“不炫富”，比阔斗富、骄奢淫逸不应是我们对待自己辛勤创造出的财富的态度；四是“不藏富”，应该鼓励大家在创造并拥有财富后，承担起相应的社会责任，为社会做出贡献。

我们需要营造一个富不傲穷，贫不妒富，政府体谅百姓，百姓理解政府的社会。破除种种阻力，鼓励少数人先富起来。富比穷好，追求财富也应比甘于贫困、好吃懒做更积极、更有意义。但是今天，贫富差距仍然很大，而且存在不当得利、腐败收入。于是难免出现谁富了谁就往往遭到质疑，老百姓喜欢讨论他有没有“原罪”的情况。追求财富是对的，否则中央有什么必要设立一个小康社会的目标？小康社会的主要指标大部分都是用货币额（收入、价值量）衡量的，为什么没有人对此进行批判呢？如果大家都富裕了，国家就富裕了，中国也就强大了。

第二章

北京房价能否涨到 80 万元 / 平方米

——谈谈中国房价持续上涨的逻辑

全国房价达到每平方米 9 万元，北京房价达到每平方米 80 万元，前提是这些约束条件不变或没有很大改变：社会稳定、金融体系不崩溃、不进行币制改革、收入随着经济发展而继续增长。

由于人口老龄化，很多房子空置了，很多人就认为房价会大跌。他们不知道在决定房价的过程中，房地产的供应弹性小，需求弹性大；不知道房地产没有替代品，需求一般不可能转移或消失；更不知道房价有黏性，涨易跌难。

随口而出的数据并非信口雌黄的结论

“1987 年，全国商品房每平方米均价只有 408 元，北京只有 500 多元，当时也都说买不起（那时是真买不起）。若有人在那时说 25 年后的 2012 年全国商品房每平方米均价为 6 000 元、北京为 2 万元，估计打死也没有人相信。但大家都不相信的事情发生了。如果以今天为起点，再来一个 25 年（2037 年），全国商品房均价每平方米可能达到 9 万元，北京达到 80 万元。”我在某论坛上说过这段话，并在全国媒体上掀起轩然大波。

其实，我最早提及房价上涨幅度这个话题，是在 2012 年 10 月 21 日我的微博中。2012 年 12 月 14 日，在 2013 网易经济学家年会的“房地产调控功过反思”专场论坛上，当被问到房价的涨势时，我重新提到了这组数字。第二天，媒体对我一片狂轰滥炸。在一次讨论房地产市场的论坛上，我再次提及要注意房价的长期上涨趋势，仍谈到这一组数据。

上述几个场合都不是纯粹的学术研讨会，我自然也不会对此观点做详细的学术性阐述。我在微博上曾做过几条零星的回复、解答，但可能看到的人并不多。我在一次公开演讲中，面对大约500位听众，用50分钟时间专门讨论了这个话题。我感觉大家基本都认可了我的说法，至少我触动了他们原有的思维，引发了思考。

所有的学术推导都是有前提的，所有的预测也都是有条件的，这是不言而喻的。我关于房价的简单预测是基于一定的约束条件做出的——全国房价达到每平方米9万元、北京房价达到每平方米80万元，其前提是这些约束条件不变或没有很大改变：社会稳定、金融体系不崩溃、不进行币制改革、收入随着经济发展而继续增长。如果其中任何一个条件不存在，比如出现社会动荡，甚至发生战争，那么一切都将被改写，所有的预测也就都不成立了，这是不言而喻的。

涨到9万元每平方米和80万元每平方米，并不需要很高的年均涨幅

批评我的媒体指责我的预测体现出的是线性思维，房价不可能再按照过去的速度增长了。其实，房价由今天的水平涨到全国平均每平方米9万元、北京平均每平方米80万元，并不需要太高的年均

涨幅，以明显低于过去 25 年的涨幅就可以达到这个水平。

统计数据显示，1987 年全国商品房均价为每平方米 408 元，那时的北京因为土地价值没有体现出来，也没有富裕阶层和外来人口对需求的推升，均价也只是每平方米 500 多元（当时的商品房定价规则为房价 = 成本 + 法定利润 + 税金，其中成本包括建安成本、安置补偿费用、管理费用、财务成本等，利润率和税率都是统一规定的，故那时全国各个城市的房价水平差别不大）。2012 年，全国商品房的官方统计均价为每平方米 5 791 元，我们按整数 6 000 元算，25 年中平均每年涨幅为 11.4%。2012 年北京房价的官方统计数据约为平均每平方米 2 万元，我们按 2 万元算，25 年中平均每年涨幅为 15.9%。

事实上，我一直不认可官方的这个统计数据，因为有三个原因导致房价的实际涨幅被大大低估：

（1）在房地产调控的大背景下，若房价明显上涨，地方政府必定有思想压力。特别是后来对房价调控实施行政问责制和约谈制后，房价统计一直处于失真状态。统计局对楼盘抽样时会产生倾向性选择，各个开发公司自己申报时也会明显压低成交价（2011 年以前的数据都是以房地产开发公司上报为主），汇集起来后统计局还要“修正”，其结果可想而知。

（2）2011 年后，房价统计改为以房产系统网签数据为主，但也难以保证数据准确无误，因为至少还存在两大问题：一是迫于政府调控部门的压力，开发商剥离装修价格，主合同中按照毛坯房计价，再私下签一个装修合同，单独收费。这种情况大量存在。二是由于中国的城镇化还没有完成，新房开发主要集中在城市周边，而城市规模又在快速扩大，所以在房价统计和涨幅计算中，实际变成了将本年度相对较差位置上的房子与上年度相对较好位置上的房子进行比较，而房子所在的位置恰恰是影响定价的主要因素。如果盯着一个楼盘的一、二、三期，观察它真实价格的变化，会发现与官方公布的数据存在明显差异。产生这种差别的基本原因就在于官方的计算方法不科学，没有考虑区位变化，结果必然失真。而在西方发达国家，城镇化过程基本都结束了，人口增长缓慢甚至萎缩，参与交易的主要是二手房，它们均匀分布在每个城市空间，城市扩张对定价的影响已经基本不存在了。

（3）无论是过去还是现在，在二手房交易中签订“阴阳合同”的情况都十分普遍。双方出于逃税的目的，会在网签时将成交额签得很低，这就意味着这些数据作为统计源已经失去了意义。以北京为例，2012 年以来，四环以内的房子的成交价格基本是在每平方米 4 万元到每平方米 6 万元，最近一些名校附近的学区房房价甚至达到每平方米 10 万元，但官方公布的成交指导价只有每平方米 2 万元左右，签合同时只要不低于这个价格就可以了。

基于以上原因，我认为，对 2012 年的官方数据必须修正，还原房地产市场的真实成交价，才能更科学地预测未来 25 年的情况。假定将 2012 年全国房价调整为每平方米 7 500 元，北京的房价调整为每平方米 3.6 万元，过去 25 年房价的平均每年增长率就分别变为 12.4% 和 18.7%。如果以 2012 年我估计的全国房价为基数，25 年后全国和北京的平均房价分别达到每平方米 9 万元和 80 万元，那么平均每年的涨幅分别是 10.5% 和 13.2%，这个涨幅比前面 25 年分别低了 1.9 个百分点和 5.5 个百分点。如果按 2013 年北京每平方米实际成交价估计值 4 万元计算，25 年后达到 80 万元，那么平均每年增幅将进一步下降到 12.7%，比过去 25 年的平均值下降了 6 个百分点。

推动房价上升的因素仍大量存在，其合力比过去更强大

批评我的媒体指责我的预测是信口开河的第二个理由就是房价不可能再持续高增长了，因为人口老龄化使得很多房子空置了，甚

至很多人认为房价会大跌。这些说法都是无稽之谈。他们不知道在决定房价的过程中，房地产的供应弹性小，需求弹性大；不知道房地产需求原则上只扩大不缩小这个道理；不知道房地产没有替代品，需求一般不可能转移或消失；更不知道房价有黏性，涨易跌难。这些特性是支撑全世界房价总体上继续走高的原因（不要看个别国家中短期的变化）。对于这些理论问题，我不再进行详细论述。这里只简单罗列一下推动未来房价上涨的十大因素，让大家看看它们的力量有多强大。

1. 大拆大建

在我国，几乎每座城市都还有很多20世纪50年代、60年代、70年代、80年代、90年代初甚至90年代末建的房子，按照今天的标准看，它们不节能、不环保、不配套，没有绿化面积，没有物业服务。从今天的居住要求来看，它们都得陆续被拆掉重建。它们基本都是平房、低层或多层建筑，容积率低，位置好，未来会被陆续改造成小高层或高层建筑。这类大拆大建工作估计还要延续20年。这些房子的拆迁补偿成本会越来越高，再加上其他生产要素成本的上升，房价总体上看只会升不会降。

2. 人口增长

中国尚未达到人口增长的高峰，估计还有2亿到3亿的人口增长空间。或许有人会提到移民带来的人口和需求减少问题。其实，移民的人兜里揣着绿卡或外国护照，大部分还是依托中国生存、发展，并没有离开这片土地。增长的人口会继续制造房地产需求，并加剧人地之间的矛盾，推升房地产的价格。

3. 城镇化

截至 2016 年年底，中国城镇化率已达 57.4%，似乎也比较高了。但这个数据从房地产市场角度看却有严重问题，不能借此估算未来需求，因为这种统计把进城务工半年以上的农民工都算为城市人口（理由是他们主要在城里消费）。但是，进城务工的农民基本都没有能力购买住房，按户租住的也极少。因此，从住房角度来看，他们还没有真正进入房地产市场。剔除这些农民工，按户籍计算的城镇化率大约只有 35%（2012 年数据）。这些已进城和继续进城的农民逐步按家庭租房、买房的过程，就是房地产需求继续上升、地产业继续发展的过程。这个过程远未结束，估计还要持续 20 年以上。

4. 家庭裂变

家庭不断裂变，变得越来越小型化，这是社会发展的一个趋势。现在的年轻人在结婚后一般不再与父母同住，“三世同堂、四世同堂”的情况变得越来越少。20 年前，在城市中还可以看到很多老少三代甚至四代合住、六七口人甚至规模更大的家庭。而现在已很少见到这样的大家庭了，都已经陆续拆分、裂变成更多的小家庭。最新的人口普查发现，现在全国户均人口大约 3.02 人（2014 年数据），城市中户均人口大约 2.87 人（2011 年数据），北京、上海户均人口 2.5—2.6 人。这个裂变的速度在放缓，但过程远远没有结束，估计全国裂变到户均 2.5—2.6 人才可能稳定下来。这种裂变会释放出大量住宅需求。

5. 生活方式的演化

我发现，推升房地产需求的最主要力量不是人口增长，也不是城镇化，而是生活方式的演化：（1）离婚率明显上升导致分住，进而产生新的住房需求；（2）大龄青年虽未结婚，但会独自购买商品房并居住；（3）年轻人结婚不是先与父母合居几年再分家，而是直接组成新的小家庭；（4）养老方式发生转变，除了将父母接到自己家养老，也可以给父母再买一套住房养老；（5）对于学区房的需求出现并上升，很多人周一到周五陪孩子在学区房居住，周末回原住房居住；（6）高收入阶层郊区有别墅、城里有豪宅的情况大量出现；（7）大城市、特大城市出现“半糖”夫妻，他们平时分居于两套房子中；（8）外派其他城市的商务人员增加，他们中的部分人员选择不卖掉原城市住房，并在新工作地又买房或租房；（9）休闲生活出现，度假城市及度假区出现大量度假房……生活方式的演化还有很多表现，不一一列举，总之它们合在一起创造出大量的需求，却被大家忽视了。

6. 区际人口的整合

当今时代是人口与财富大整合的时代，人口和财富跨区域的大迁徙、大流动必将带来房地产市场的大调整。以大学生就业落户的变革和劳动力外出打工为契机，中国户籍管理逐步放宽，为区际人口的整合打开了方便之门。于是，我们看到大量人口由内陆向沿海地区流动，由村镇和中小城市向大城市流动，由偏僻、封闭区域向核心、开放区域流动，由落后区域向发达区域流动，由干旱缺水区域向水资源丰沛区域流动，由资源枯竭区域向资源丰富区域流动，由气候较差的区域向气候较好的区域流动，由自然灾害频发地区向生存环境安全地区流动，等等。人口与财富的空间调整促进了房地产市场的空间变化，也整体上大大提升了需求规模。

7. 经济高速增长

改革开放以来，中国一直是世界上经济发展速度最快的国家之一。30 多年来中国的 GDP 增速接近两位数，到 2012 年，中国 GDP 总量已逾 51 万亿元。虽然现在 GDP 增长出现了下滑趋势，但有一点几乎可以得到公认：与其他国家相比，中国未来 20 年的 GDP 增速仍将处于较高的水平。这将从两个方面影响房地产需求：第一，GDP 的高增长意味着居民收入的高增长，这就必然会推升购买力，其中也包括住房需求。第二，高增长几乎意味着各行各业的快速发展，而地产业是国民经济的先导产业，要为其他行业提供营业空间，如写字楼、厂房等，这就必然意味着房地产需求的上升。

8. 城乡收入差异

城乡居民收入差距大是城乡发展不协调的最突出表现，30 多年来城乡居民收入差距的绝对值不断扩大。1978 年城乡居民收入水平相差 210 元，2011 年扩大到 14 833 元。长期来看，无论是收入增长速度还是绝对值，仍然会继续扩大。近年来，农民渐渐认识到，单纯依靠农业是不可能致富的，这一现实必然把大量农民逼进城里打工。无论是长期打工还是短期打工，都要产生大量的租房需求，需要大量的出租房供应。这无疑会拉动房地产需求的上升。

9. 城乡阶层意识

在中国，客观上普遍存在这样一种事实：镇上的人瞧不起村里的，县城里的人瞧不起镇上的，城里的人瞧不起县城的，大城市的人瞧不起小城市的。甚至有这样一则段子：在深圳人眼里，全国人民都是穷光蛋；在上海人眼里，全国人民都是乡巴佬；在北京人眼里，全国人民都是老百姓。在大城市工作、居住，意味着受尊重、不被看低。城乡经济、阶层意识的存在，使农民盼望着“跳龙门”，进入城市生活、工作成为农民的梦想。大批农民进入城镇尤其是大城市生活、工作之后，城市的住房需求扩大，而城市的空间是有限的，住房供给也是有限的，因此房价上涨也就成为必然趋势。

10. 群居意识

与外国人喜欢安静和独处不同，中国人普遍偏爱热闹，群居意识是相当强烈的。经济与文化的发展使得跨区域迁移的成本大大降低。因此人们从偏僻、落后、人烟稀少的地方走出来，逐渐向人口密集、配套齐全、气氛热闹的城市集中。人口的集中必将带来居住面积的集中与住房需求的扩大。中国人强烈的群居意识也是房价上涨的一大推动因素，并且将继续对房价的上涨起到推波助澜的作用。

上文仅仅提出了推动房价上涨的 10 个因素，除此之外还可以列举出更多的因素，囿于篇幅，在此就不一一陈述了。这些因素汇集在一起，对房价形成了巨大的推力。我认为未来 25 年导致房价上涨的推力将强于过去的 25 年，除非通过大规模扩大供应去缓解供求紧张的局面。但我估计，未来政府可能出台的措施对这些巨大推力的削减作用是有限的，因为扩大供给、征收房产税等都受到实施条件的严格限制。

保持未来的高增长局面主要靠货币推动

胡锦涛在中国共产党第十八次全国代表大会的报告中，陈述了保持经济高速增长的必要性——“以经济建设为中心是兴国之要，发展仍是解决我国所有问题的关键”，而且明确给出了增长目标：2020年实现国内生产总值和城乡居民人均收入比2010年翻一番。作为中国的执政党，中国共产党深深地知道，经济增长速度慢下来是不行的，会出现很多问题，甚至影响到社会稳定。

从当前的情况来看，要继续保持相对较高的经济增长速度，虽然难度大，但绝非无路可走。一般来说，要想让企业家和经营者有兴趣继续经营下去，有两条基本思路：一是降低税费水平，让利于企业；二是继续投放货币，扩大投资规模，进而拉动经济增长。

中国有相对庞大的公务员体系（从比例上比西方国家高很多倍）、庞大的党务和群团组织（在西方国家这部分人不由国家财政承担工资和福利）、庞大的事业单位（西方国家也没有这笔开支）、庞大的军费开支。由于体制问题，中国的公共投资还存在大量渗漏、流失现象。中国若不出现大的制度变革，这种庞大的开支是难以改变的，高税费状况也就难以改变。这就会影响企业投资和经营的积极性。于是，要保证经济增长速度维持在较高水平，就只能走另一条路：发票子！

理论和统计数据都能表明：货币供应量增长，则 CPI 和资产价格上涨；货币供应量下降，则 CPI 和资产价格增长减缓甚至下降。一般来说，在资本市场上，货币供应量的增加会导致资本供应量的增加，资本供应量的增加会导致利率下跌，利率下跌会导致借贷资金价格下跌，借贷资金价格下跌会导致实物资产投资规模放大、投资品价格上升、劳动力需求和工资上涨等。房地产是民间投资的最大热点，也是资金的最大流动指向，它的需求、价格与货币供应的关系，是很清楚的。

中国的货币供应量年均复合增长率长期高达 20% 左右，有学者曾研究认为：中国要保持相对较高的经济增长率（7%—9%），货币供应量应该保持在 18%—22%。中国正处于经济发展的上升通道中，在全球大宗商品的定价中也扮演着越来越重要的角色。当前，全球经济呈现出危险的、不确定的倾向，增长风险依然严峻。实体经济与金融部门之间的负面反馈作用变得非常显著，此时让中国的货币政策收紧显然不现实。

中国靠增发货币和增加信贷推动经济增长的模式，绝对不是一朝一夕就能改变的。长期来看，当货币投放仍然处于一个远高于 GDP 增幅的水平上时，谁能控制得住房价的上涨呢？

房价可以脱离国际市场和全国市场独立形成

我们通常说，四种生产要素，即劳动、土地、资本、企业家才能相结合形成了生产活动。但各种生产要素的流动性是不一样的，其中，资本最强，土地最弱。土地不仅仅指一般意义上的土地，还包括地上和地下的一切自然资源，如江河湖泊、森林、海洋、矿藏等。土地作为生产要素投入的生产过程和特点也不一样，有的只是利用土地作为作业场所，或者利用土地上的其他自然资源，有的则是利用土地作为承载物。房地产开发就是后一种，虽然盖的是房子，但房地不分家，二者合二为一。因土地不可移动，于是房地产也就有了不可移动性。

世界上的绝大多数产品都不是与固定的地理位置“黏”在一起使用的，因此可以通过运输的方式调节产品在不同空间的供应状况，最后在各空间会形成大致相同的价格水平。比如，某一品牌、某一规格的衬衫，如果在大连每件卖 1 000 元，而在北京每件卖 2 000 元，那结果就是大连的衬衫会立即被运往北京销售。大连的这种衬衫会因数量不断减少而价格不断升高；相反，北京的衬衫价格会因数量增多而下降，直到两地的衬衫价格差不多为止。在国际市场上也是如此，某一品牌的皮包扣除关税后，在全世界范围内的价格都不会差太多。这就是贸易的作用。

但回到房地产市场上来就完全不同了：由于土地、房屋不可移动，区域的供应状况根本不可能像普通商品那样相互调剂余缺，因此价格只能独立形成。甚至连每个开发项目的价格水平、每套房子的定价都是不一样的，我们称其为“单件性”——不仅指位置、楼层、朝向等方面的不同，也指价格的不同。

总有人说北京、上海的房价高，但放眼世界，还有更多城市的房价高得让人不可思议。曾看到一份资料提及全球房价最高的十大城市排行——第一位是摩纳哥的蒙特卡洛，每平方英尺 4 420 美元（1 平方米约等于 11 平方英尺）；第二位是莫斯科，每平方英尺 1 937 美元；第三位是伦敦，每平方英尺 1 928 美元；第四位是纽约，每平方英尺 1 384 美元；第五位是中国香港，每平方英尺 1 373 美元。你能理解蒙特卡洛和莫斯科为何排在前面吗？你只有理解了我说的“房价是脱离国际市场和全国市场独立形成的”这句话所包含的道理，才可能理解这一点。所以，对房价进行国际比较没有任何意义。不要再对我说：如果北京房价每平方米 80 万元，那纽约会是多少？东京会是多少？

房价是资源紧缺程度的反映，主要取决于建设用地的宽裕程度。建设用地的宽裕程度是不可以进行国际化调整、改变的。如果从这个角度质疑我的结论，则是根本不懂房地产的表现！

北京注定是房地产市场中的一个特例

在聚焦北京房地产市场之前，有必要先谈一谈我对房价的其他零星认识。房价当然是供求关系的反映，但需求的背后又是什么？是这个城市的功能和竞争力。也就是说，房价其实是城市功能和竞争力的综合反映。一般来说，房价高的城市功能强大，有竞争优势和吸引力。这样的城市一般都是大都市、核心城市，或某一方面的功能特别强大的城市。北京的城市功能有多强大？竞争力有多强大？它是中国的政治、经济、文化、教育、科技、金融、交通、旅游等无数中心的复合体，答案不言自明。

经济学上有两个概念：正外部性、负外部性。其含义我就不陈述了。北京这座城市当然存在空气质量等负外部性问题，但相对于巨大的正外部性来说，大家都觉得这些负外部性是可以接受的了。从经济学上来讲，高房价其实是获得在大都市、核心城市或发达城市工作、居住等好处（正外部性）时不得不支付的成本，是通过竞争进入这类城市工作、生活的经济门槛，是由外部性决定的，是城市价值的体现。理解到这个层面，就会知道：北京房价持续上涨，不断创新高，其实也是顺理成章的事情！

对北京来说，房价无论多高都不奇怪，都可以说是真实、巨大的需求推升的。除了国情因素外，还有一些非常特殊的因素大大增加了北京的商品房需求量：（1）北京拥有全国规模最大、平均层次最高的以公务员为主体的官员阶层；（2）北京拥有规模庞大的国内驻京办事机构；（3）北京拥有规模庞大的涉外机构；（4）北京拥有规模处于全国前两位、平均层次最高的白领阶层；（5）北京拥有全国规模最大、平均层次最高的科、教、卫队伍；（6）北京拥有数量最多的购买力强大的外来退休人员（地方退休的中高层人士）。谁能说清楚，仅这几方面的力量就能制造出多少需求呢？

或许有人会问：按照你的说法，这个市场还正常吗？通常大家总是把房价与家庭收入联系起来，其实这是远远不够的。房价主要应与社会收入联系起来，是集合购买力的反映。一部分人买不起不意味着价格水平偏高。在纽约、伦敦、东京都有很大比例的住廉租房或承租私人住房的家庭，这些家庭也都是买不起房的。如果今天北京有 90% 的家庭买不起住房，比尔·盖茨率领一批世界富豪把北京的房子全部买下来再租给大家，那么照样会形成今天的商品房价格水平。所以说房价是集合购买力的反映，而不是某地区家庭收入的反映。

附录 1

房价会 80 万元每平方米吗

陆娅楠

2013 年 9 月 13 日　人民网—《人民日报》

最近，一位房地产领域的专家语出惊人："过去 10 年里，北京这样的大城市房价增速每年超过 15%。按照这个速度，25 年后，北京每平方米房价超过 80 万元非常容易。你要做的是什么？买。"

专家言之凿凿，着实吓人，仿佛不赶紧买房就错过了天上掉下的馅饼。转身仔细一琢磨，这论断不太经得起推敲。

某种商品，尤其是价格基数这么大的民生类商品，如何能保证连续 25 年、以年均两位数的速度涨价？一个一线城市出现三五个天价楼盘并不罕见，但一个城市平均房价涨至每平方米 80 万元，这要多大的货币量？按此标准，北京一套 40 平方米的小户型就要卖到 3 000 多万元，相应的房租就要涨到每个月五六万元，如此强悍的购买力又从何而来？

从来没有暴涨不跌的楼市神话。房价由供需关系决定，又受到土地、信贷、货币、税收等政策与市场因素的影响。其中任何一个因素的变化，都可能变为扼制房价过快上涨，甚至导致房价下跌的铁腕。历史上，日本、中国香港等一些国家和地区的楼市沉浮，就是前车之鉴。

鼓吹楼市暴涨不跌不利于房地产市场健康发展。房地产作为一种资产，其价格过快上涨，会强化公众的通货膨胀预期，加大通货膨胀压力，甚至对经济稳定产生消极影响。

作为专门从事房地产领域研究的专家，不可能不了解左右房价的复杂条件。一名 12 岁的少年宣称“过去 10 年，我平均每年长 5 厘米，所以按这个速度，25 年后我超过 2.7 米非常容易”，是无知；如果专家也遵从如此逻辑，信誓旦旦地将房价描绘成能刺破天空的大树，那恐怕缺少的不是知识，而是治学的严谨。

类似的学术专家“雷人雷语”，近年来不是个案。有些专家疏于系统深入的学术研究，只求语不惊人死不休。现代社会的容忍度越来越高，鼓励观点多元，人人都有发言权，但掌握着更多话语权，甚至成为意见领袖的专家，其言论的社会影响深远，理应担当经济发展与公共管理中的知识脊梁，凭一副不屈不移的风骨、一腔忧国忧民的情怀，以更深入的研究、更充分的信息、更专业全面的观点，解疑释惑，激浊扬清。

声望与责任的天平总是守恒的，声望越高，责任越重。一个总喊“狼来了”、缺少严谨判断和公正评论支撑的专家，往往只会被公众笑话，最后落得毫无权威可言。古人言：“夫君子爱口，孔雀爱羽，虎豹爱爪，此皆所以治身法也。”愿专家们珍惜声誉，莫再吓人，更不要因为个别人不靠谱的言行连累大多数潜心治学、严谨公正的专家。

第三章
“城市病”的治理药方

所谓就地城市化是指区域经济发展到一定程度后，非城市居民在原住地一定范围内，依托中心小城镇就地、就近实现市民化和城市化的方式。就地城市化有以下表现：一是人口集聚程度比较高；二是生产方式由第一产业向第二、第三产业转化；三是居民享受到城市的公共服务。

“北漂”的伤痛

可能大部分上班族都有一个感触，最近几年，准确点说是2008年奥运会以来，北京的交通越来越拥堵。地铁线路虽然越建越多，但地铁建设的速度似乎永远也赶不上乘客增加的速度。总体公共交通的拥挤程度非但没有明显改善，路面交通拥堵状况反而更加恶化。如今，乘坐地铁早已变为名副其实的“挤”地铁。曾经在电视中看到过的日本地铁工作人员把乘客“塞”进车厢的经典场面在北京也真实地上演着。为什么公共交通线路越建越多、条件越来越好，可交通拥堵问题依然得不到有效解决？

这些年来，北京的房价已经从人们抱怨的对象变成了调侃的对象。原来身边的很多人总是抱怨房价太高，希望楼市崩溃。如今，虽然这样的人依然存在，可更多的人开始感叹为何不早些置业，并为未来子女的“学区房”而发愁。除了幸运的有房族，寄居北京各个城乡接合部、地下室以及群租房中的“北漂”“蚁族”就没那么幸运了。除了恶劣的生活环境和安全隐患之外，政府部门对“群租”

现象的治理客观上也迫使他们搬到更远、成本更高的地方。这些“北漂”和“蚁族”的未来在哪里?

如今，提到北京就不能不说说空气污染。“雾霾”“PM2.5”天天充斥在新闻媒体上，百姓对城市空气污染问题已经越来越敏感，神经绷得越来越紧。前不久，有新闻报道一位北京的家长因为孩子对雾霾过敏不得不带孩子搬到海南常年居住，并因两地分居导致夫妻关系破裂。可见，空气污染已经不仅仅是影响身体健康的问题，还是影响家庭和睦、社会和谐的隐形“杀手”。其实，北京的空气污染很早就有。很多老北京人或者出生在20世纪80年代的北京人或许都记得，就在若干年前北京的天空经常是铅灰色的。2008年北京奥运会前夕，政府通过下大力气治理，才使得首都的蓝天白云终于重现。和那时相比，北京现在保有机动车400多万辆，是当年的好几倍，但如果仅从天空的颜色对比，如今的空气质量未必比十几年前更差。可为什么现在人们感觉空气污染比以往更严重了?

大家都知道，北京的医疗资源尤其是大医院在全国首屈一指，不仅数量多，而且医生的医术也较高。虽然知名医院众多、优秀医生不计其数，但是病人每每去医院挂号取药，第一感觉总是人满为患。我有幸曾经在高峰时间感受过北京两家著名医院的状态，一家是刚发生过伤医惨剧、以眼科著名的医院，另一家也是一所久负盛名的三甲医院。站在前者的候诊区就像站在春运期间的北京站，在后者的取药窗口排队时居然需要有社区工作人员维持秩序。是什么导致如此严重的医疗资源供不应求，医院不堪重负？

这些年，什么话题最能牵动北京家长的神经？非“小升初”莫属。所谓“小升初”就是让无数学生家长伤透脑筋的小学升入初中这道“槛儿”。由于取消了统一考试，“小升初”一度采取随机派位和“推优”相结合的方式。为了给孩子在教育上争取到一个更高的起点，家长们“八仙过海，各显其能”。除了参加随机派位，想让孩子上好中学的正规渠道无非两个：一是通过各种特长争取得到被“推优”上优质初中的机会；二是通过购买天价学区房获得优质小学学籍，从而提高进入优质中学的概率。但无论哪种方法，学生家长在时间、精力和金钱上都少不了投入，甚至还要承担一定的投资风险（比如学区调整导致学区房价值下跌），“小升初”在某种程度上彻底沦为对家长的各种人脉和资源的考验。为什么在政府下大力气投入后，优质教育资源仍然显得捉襟见肘？

每年高校毕业季，大学生就业难问题都会成为媒体的焦点，而且这种难似乎是一年难过一年。有时所谓“好的就业机会”的竞争压力之大甚至会超乎想象。“千军万马考公务员”的现象自不必说，现在就连银行里一个普通的柜员岗位，可能也会有好几名硕士生去竞争。有新闻报道称，某地银行招实习生的标准是在银行至少要有50万元存款。还有报道甚至说，现在的大学毕业生找工作十有八九要托关系，只为一份心安。难道我们的就业岗位真的已经如此饱和了吗？新的就业机会在哪里？寒门子弟用知识改变命运的机会真的已经成了传说吗？

什么是“城市病”

以上现象，凡此种种，都可以用一个词来概括，那就是“城市病”。人口爆炸、交通拥堵、医疗和教育资源紧张、就业压力突出、环境污染严重、土地和住房紧张，都是“城市病”的表现。

既然说的是“城市病”而不是“乡村病”，那自然离不开城镇化这个命题。自改革开放以来，中国经历了经济的高速发展和社会的重大转型。如果简单地以人口占比来衡量城镇化水平的话，无疑中国已经全面进入了城镇化发展的快车道。根据中国社科院《2012年中国社会形势分析与预测》发布的数据，2011年我国城市人口已经达到6.91亿，城市人口占比首次突破50%大关，达到51%的历史最高值，这说明我国已经全面进入城镇化的新阶段，我国已经发展为一个以城市为主导的现代社会。

历史经验表明，随着大批人口跟随产业转型及产业布局的调整而加速流入城市，城市（特别是中心城市）的人口与环境、资源的矛盾日趋突出，城市及产业转型过程中往往伴随着“城市病”的集中爆发。虽然没有“城市病”最早出现的准确记录，但“城市病”这个词据说来源于工业革命后期的英国。看过相关电影或文学著作的人应该都有印象，当时的英国伦敦正是名副其实的“雾都”，人口密集，卫生状况恶化，社会底层民众和新旧贵族以及新兴资产阶级的社会矛盾突出。

所谓“城市病”，学术一点来说，就是城镇化进程中因城市的盲目扩张、违背自然规律和经济规律搞建设，从而表现出来的各种与城市发展不协调的失衡和无序现象。“城市病”不仅包括环境污染，还包括巨大的资源浪费，与之相伴的就是城市居民生活质量的相对下降和生活成本的快速上升。“城市病”的最终结果往往表现为城市竞争力丧失和经济发展缓慢，无法实现可持续发展。当然，也有一些城市是因为经济衰退而导致“城市病”暴发，例如美国底特律。

当前，中国的主要城市正经历着当年发达国家在城镇化过程中遇到过的相似问题，这是市场经济条件下转型发展必然要经历的阶段。从国际经验来看，城镇化的最终结果既有成功的案例，也有失败的案例。所谓失败的情形其实就是“城市病”大规模爆发且得不到有效解决的情况。我们不可能阻止城市的转型发展，但可以让其朝着更好的方向发展，也就是让我们的城市更加健康、均衡和可持续地发展。即使不能完全避免“城市病”出现，也要努力将其控制在有限范围内，防止失控。

大部分人都感觉到近些年包括北京在内的主要大城市的人口呈现爆炸式增长的态势，人口正在加速流入城市。这一方面与近些年来强调权利公平、淡化户籍管理有关，另一方面也与历史上国际主要大城市的城镇化进程相似，所以也是一种由社会因素和经济因素共同作用的必然结果。事实上，“城市病”总是伴随着人口在城市中的快速增长而发生的。因此可以说，“城市病”的根源就在于人，或者更准确地说根源在于人口与资源的矛盾。交通拥堵、资源紧张、环境污染等问题，归根结底都是更多的人在竞争有限的公共资源。

大城市为什么会出现“城市病”

既然“城市病”的根源是人口与资源的矛盾，那么病因就要从人口和资源两个方面入手去寻找。事实上，公共资源本身也是人口变化的主要原因之一。近年来，中国大型城市特别是超大城市人口暴增是不争的事实。仅以北京为例，依据统计部门的数据，2012 年年底北京常住人口达到 2 069.3 万人，其中常住外来人口 773.8 万人，占常住人口的 37.4%。到 2013 年年底，北京常住人口增至 2 114.8 万人，同 2004 年相比，10 年间常住外来人口增加达 472.9 万人。以上数据中还不包括流动人口。关于北京流动人口数量，没有一个准确的数据，但据说近千万，也就是说北京的瞬时人口可能超过 3 000 万人之多。最近，互联网上还有人统计，在北京的很多小学里，没有学籍的借读生数量已经接近甚至超过有学籍的本地学生。当然，很多学生本身也是所谓二代移民，但在身份认同上他们已经完全融入了本地社会。

大城市为什么如此吸引人？面对雾霾污染、交通拥堵、房价高涨、生活成本居高不下的现状，全国各地的人才为什么还会义无反顾地涌向北京、上海、广州、深圳等大城市？

第一，教育资源得天独厚。还是以北京为例，北京拥有全国最丰富、质量最好的高等教育资源。据统计，2014 年北京共有普通高校 78 所，其中 211 高校 26 所，985 高校 8 所，教育部直属副部级高校 7 所，堪称中国高等教育资源最密集的地区。由于高校聚集，全国各地的大学生不论愿意不愿意，想上清华北大、上一流大学就要来北京。据统计，截至2012年年末，北京本专科在校生近60万人，研究生超过20万人；2013年，北京高校毕业生人数达23万人，同比增加近万人。在持续多年的大学扩招的过程中，高校学生是一个庞大且稳定的城市人口增长来源，而且短时间内难以扭转其增长势头。

第二，就业机会更加广阔。大城市由于经济发达，企业的聚集效应明显，就业机会和就业质量要远远好于其他城市。这是由经济的内在规律决定的：城市自身的规模效应、聚集效应能够带来更低的成本收入比。按照以诺贝尔经济学奖得主克鲁格曼为代表的学者提出的新经济地理学的理论观点，城市内由于交易成本更低会产生规模报酬递增效应，从而引发空间聚集。在中小城市甚至农村地区生活过的人可能都有体会：且不说农村地区，即便是在中小城市，好的就业机会也是非常稀缺的。由于缺少效益好的国有企业，再加上民营经济不规范、不发达，一般政府部门和事业单位等“吃财政饭”的部门就是所谓的好单位。而大城市则不同，数量众多的企业对人才的需求很大，创造出的就业机会和薪酬水平都是惊人的。很难想象一个计算机系毕业的高才生能在三、四线城市进入百度、腾讯和阿里巴巴工作，更不用说数量众多的科技型创业公司。

第三，医疗资源异常丰富。以北京为例，2014 年有各级医院 300 多家，其中三级以上医院 60 多家，三级甲等的著名医院就有 50 多家。北京的医学高等学府也是全国最多的，全国知名的医学专家大多在北京工作和开展科研。很多外地病人来北京就医往往是因为当地医院已经无能为力。在这里要讲一个故事。前几年我在北京某三甲医院住院，旁边病床躺着一位 40 多岁从河北来的女病人，被用好几个大螺丝钉固定在病床上。后来了解到，她在干活儿的时候不小心，头朝下从拖拉机上摔下来导致全身瘫痪。家人带着她在当地医院跑了个遍，但是医生都说风险大，拒绝手术，家人只得带着她奔赴北京求医。后来听说手术很成功，出院的时候上下肢都有了知觉。试想，如果这位病人不到北京治疗，40 多岁就瘫在床上，那么她的家可能也就因此而毁了。

第四，政治资源近水楼台。在中国，大城市往往都有比较特殊的政治地位，北京、上海自不必说，省会城市和计划单列市在一个省域内也是政治的小中心。政治中心，不管是区域性的还是全国性的，自然也是决策中心。由于政策因素在中国经济体系中扮演着重要而特殊的角色，各类企业也愿意离中心更近以求各种方便。举个例子，上海虽然被称为金融中心，外资金融机构聚集，金融市场发达，但是真正的金融机构总部林立的地方却是北京金融街。有些机构纵使总部不注册在北京，主要经营活动和管理团队也是在北京的，比如昆仑银行、浙商银行、恒丰银行等。为什么？因为“一行三会”（中国人民银行、中国银行业监督管理委员员、中国证券监督管理委员会和中国保险监督管理委员会）在北京，北京是中国金融活动的决策中心，这里消息最灵通，同业之间开展业务最便利。除了金融领域外，其他领域的类似情况还有很多。

第五，家庭因素和从众心理。家庭因素和从众心理是一对极容易被忽略但又非常重要的导致大城市人口快速增长的原因。首先，家庭因素作为一个重要的社会学变量往往被经济学家在分析城市聚集效应时所遗忘。事实上，上述众多因素最终都会通过家庭因素发生作用，甚至产生放大作用。例如，大学生从北京、上海的高校毕业后留在当地就业、成家，由于现在的大学生基本都是独生子女，最终都要面临为父母养老的问题，又不能辞去在大城市的工作回老家照顾父母，就只能把一方父母甚至是双方父母接到城市中来。此外，目前一些大城市为老人投靠独生子女提供落户方面的优惠政策，这也成为重要的影响因素之一。这个过程就像是“加速器”，一人在城市就业带动多人迁入该城市。从众心理也类似，家长之间对子女就业往往有种攀比心理。你家孩子在上海工作，我家孩子就要在北京安家，这样才有面子。这就促使三、四线城市优秀的年轻人最终都流向了一、二线城市。

第六，政策宽松和城市包容性。毋庸置疑，近年来，中国大城市的户籍限制越来越松，虽然还有房地产限购和户籍挂钩等政策，但相比过去几十年可以说是处在最宽松的时期。其实，即便是限购也可以通过连续五年缴税或缴纳社保乃至一些非正规的渠道解决。此外，获得大城市户口的方法还有很多，比如通过留学、人才引进等政策渠道。如今在大城市，即便没有户口也不妨碍找工作和租房子，也就是说对于基本生活和工作而言，户籍已经越来越不成为一种阻碍因素。因此，在社会转型的大背景下，传统的户籍管制已经千疮百孔，对人口调控的作用极其有限。当然，户籍制度本身的不公平性也决定了它最终要被抛弃。大城市的包容性也是促进人口流入的关键因素。这种包容性体现为相对公平的外部环境，“英雄不问出身”，有能力就可以在城市立足，这是现代城市社会的主要特点之一。而小城市和农村地区以人际关系为纽带的传统社会与大城市差别甚大，缺少包容性，导致外人难以融入。

“城市病”的治理药方

“城市病”的出现是一个系统性问题，与市场经济发展、社会转型以及城镇化进程密切联系，因此“城市病”的治理工作也必然是一个系统性工程，我们只能开出一组药方而没有一针见效的灵丹妙药。如果说“城市病”的根源是人口与资源的矛盾，那么教育、医疗、就业和政治资源的聚集和落差就是造成“城市病”的直接原因，家庭因素和从众心理是“城市病”爆发的“加速器”，户籍政策放松和城市包容性就是被打开的“最后闸门”。既然病因如此明显，那么是不是只要消除这些因素就行了？答案是复杂的，绝对不是简单的是或否，因为很多因素本质上是无法消除的，其中的道理很简单：随着市场经济的深入，很多因素的变化是不可逆的，比如户籍制度从国家层面肯定是要逐步放松的，虽然个别城市不排除阶段性强化，但经济因素决定了人力资源最终必然要自由流动；家庭和心理因素有着深厚的社会历史根源，更是难以迅速扭转的。何止在中国，在整个华人社会里，攀比子女本身就是一种根深蒂固的社会心理。同时，另外一些因素则是可以被适当改变的，比如以教育和医疗为代表的公共资源的分布。由于“药方”的复杂性，这里打算把一些不成熟的想法逐一道来。

地铁如何才能不再拥挤[①]

2008年前后，北京的地铁如雨后春笋般出现在京华大地。在多年不变、陈旧乏味的1号线、2号线和13号线基础上，诞生了4号线、5号线、6号线、9号线、10号线等新线路，首都地铁规划中缺失的那些数字正在被一点点补齐。

与北京地铁线路快速延长相对应的则是地铁的拥挤程度日益严重。如果你在北京和上海都搭乘过地铁，对这两个城市地铁的拥挤程度一定会有个感性判断，那就是北京的地铁拥挤程度要超过上海。事实上，统计数据也可以证实上述感觉。据统计，2013年，北京地铁运送旅客数量为32.1亿人次，而上海地铁运送旅客的数量则为25亿人次；如果再考虑到两市地铁运营里程的差异——北京为465千米，而上海则是538千米，折算成每千米地铁运送乘客数量，必然是北京地铁远比上海地铁拥挤。

当然，造成拥挤的原因还与不同的地铁车厢编组方式以及车型相关。尽管北京和上海都是以6节车厢编组为主，但上海在穿越市中心的两条地铁线——1号线和2号线都使用8节车厢编组，而北

① 根据和讯网的公开资料整理。

京则是在 2012 年开通的 6 号线上才第一次出现 8 节车厢编组，其他线路仍然是 6 节车厢编组。特别是环城而行的 10 号线，它是北京最繁忙的线路，但列车却也只是 6 节车厢编组。此外，北京地铁的车厢要比上海（以及香港）略窄。上述两个因素叠加，就使得北京与上海两地每趟列车的最大运力相差 1/3 左右。既然北京的地铁线路比上海短，车厢也比上海小，而年运送旅客的人数为上海的 1.284 倍，在列车发车时间间隔大致相同的情况下，北京地铁比上海地铁更拥挤也是合情合理的。

上面说的都是地铁本身的问题，和“城市病”关系不大，只需要政府部门和地铁公司慢慢解决就好。但与此相关的另一个问题却非常值得思考，这就是为什么上海的常住人口比北京多，而北京的地铁运送人数却比上海的多，或者说比上海地铁更为拥挤？一个通常会被想到的理由是北京地铁的票价低，因此吸引了更多乘客。

这种解释看起来有道理，但问题是北京的公共交通出行模式数据也显示，在北京有更多的人选择公交车出行，而不是地铁。2013 年，北京轨道交通占公共交通的比例为 44.80%，同样的数据上海则为 49.3%。北京的人口更少，通过轨道交通运送旅客的比例也小于上海，但为什么其地铁运送人数却比上海更多？再考虑到上海较北京更早地开始机动车限牌，上海的私家车数量以及机关单位公车数量少于北京，那么一个很有可能的答案就是，上海存在一个不需要搭乘地铁和公交车上下班的人群。这里不妨称他们为步行族或者骑车族。

想找到上海具体有多少人步行或骑车上下班的数据无疑是非常困难的，但从城市人口分布以及城市空间布局角度可以侧面证明上面猜测的合理性。从北京和上海两个城市的占地面积来看，北京占地面积 16 411 平方千米，其中，位于城市中心的六个区占地面积 1 378 平方千米；上海的面积为 6 219 平方千米，即便算上浦东新区，中心城区也不过 812 平方千米。北京的总面积大约是上海的 2.63 倍，中心城区面积是上海的 1.5 倍多（除去浦东新区的话，这个数字要翻一倍以上）。这意味着上海的人口密度远超北京。更为重要的是，上海八个中心城区的人口密度都超过 1 万人 / 平方千米，而且只有两个区在 2 万人 / 平方千米以下，黄浦区、静安区和虹口区更是超过 3 万人 / 平方千米。但是在北京，只有东城区和西城区两个区的人口密度大于 1 万人 / 平方千米。根据测算，北京市建成区的人口密度为 1.19 万人 / 平方千米，上海为 1.27 万人 / 平方千米，深圳为 1.20 万人 / 平方千米，在一线城市中，北京建成区的人口密度处于较低水平。

更大的市区人口密度意味着在市区集中了更多的城市人口，更重要的是这些人口本身就居住在城市的中心区。在中国，“单中心”同心圆式的城市结构决定了绝大多数工作岗位往往集中在市中心，居住于市中心意味着这群人不会在通勤上花费更多的时间。如果同样的人口被疏散到更广大的区域居住，而上班地点却集中在少数几个中心区域，那就必然意味着绝大多数人要在通勤上耗费更多的时间，往返更长的距离。上海的市中心集中了更多的人口，这意味着这些人可以节约通勤时间，同时可以减少路面交通拥堵，从而减少地铁里的客流。

2012 年北京大学社会调查研究中心与智联招聘网联合发布的《2012 年度中国职场人平衡指数调研报告》中的数据也证明：北京市民上下班往返时间全国最长，平均为 1.32 个小时，比上海的 1.17 个小时多 15 分钟。而在 2010 年中科院公布的《2010 中国新型城镇化报告》中，北京也以平均 52 分钟的上班通勤时间名列全国城市之首。当然，不可否认从理论上来说，居民可以通过选择更近的居住地点来节省通勤成本和通勤时间，但工作地点变化的不确定性以及置业成本的提高往往阻碍了这个过程。

需要说明的是，北京市民通勤时间过长的表面原因是交通拥堵，但其根本原因却是城市规划不当造成的“居业分离”问题：市中心区集中了相当数量的企业、政府部门和商业场所，使得市民工作和休闲消费地点多在城市中心区。作为历史文化名城，北京城市中心的老城区中平房区域占地广大，各种机关大院又占据了不少空间。这些空间因各种非经济性原因长期未能改造并开发相应的居住功能，迫使就业人口不得不向郊区新城迁移。这个现实是活生生的，想象一下居住在北京天通苑的居民如果在西南方向的总部基地上班会是什么情形，或者是居住在亦庄开发区而在中关村上班的情形。

更拥挤的市中心让城市的路面交通更不通畅，这可能是被绝大多数人所忽视，但又确实影响城市生活的一个活生生的事实。换句话说，道路拥堵以及地铁拥挤的“城市病”，实际上可以通过更好的城市规划来缓解或治理。所以说，城市规划是北京和上海的城市管理水平差异的体现，合理且具有前瞻性的城市规划是治理“城市病”的重要药方。

北京城市交通规划的问题何在

合理的城市规划应该尽量减少市民的通勤时间和通勤成本。事实上，通勤时间和通勤成本本身也是决定城市房价的重要因素。在这个方面我们曾经做过比较深入的实证分析。北京轨道交通周边的房价随着轨道向南北延伸存在明显的“梯度”效应。根据经济学理论，价格反映了居民的选择偏好，也就是说北京的市民总体都倾向于在市中心居住，这与上述分析是一致的。于是，这里就产生了新问题：北京的城市规划为什么导致很多“居业分离”的情形？为什么会在出现望京、天通苑、亦庄这样的超大型居住社区的同时没有在这些区域规划相应的就业岗位？具体的决策过程我们不知道，但我觉得这与当时流行的对西方发达国家城镇化的片面看法是分不开的。

西方发达国家的城镇化进程经历了城镇化、郊区化和再城镇化的周期轮回过程。我国的决策者在城镇化初期可能仅仅观察到了郊区化现象，认为在城里上班、郊区居住是一种先进的城市规划和生活理念。当时的置业者往往也没有意识到，在日常生活中通勤成本对于居住地点选择的重要意义，缺少节约通勤时间的理念。他们憧憬着像西方城市的居民那样每天从郊区驱车到市中心工作，傍晚再驱车返回郊区享受中产阶级生活的状态。现实情况则是，中国大城市的人口远远超过西方城市，而城市交通路网的密度又远低于西方城市，结果这种潮汐式的通勤方式必然造成交通拥堵。另外，中国大城市的很多居住区的道路规划又欠缺前瞻性，小区建成多年却仍只有几条道路与市区相连，从而进一步加剧了交通拥堵。例如，北京的天通苑社区常住居民达四五十万人，与市区环路相连的主干道路多年只有一条，而这一条道路的机动车道只有上下六车道，比朝阳路还要窄。更麻烦的是，这六条车道中还要分出两条快速公交专用道。而私家车数量的飞速增长，更进一步加剧了交通堵塞。

良好的规划虽然是治理交通拥堵和“城市病”的正确药方，但已经建成的不可能拆掉重修，新建道路或者拓宽现有道路受限于滞后的城市规划，往往也难以在短时间实现。一般来说，轨道交通是解决问题的唯一办法，但现实情况是包括地铁和城铁在内的轨道交通已经不堪重负。每一个工作日的早高峰时段，在北京地铁 5 号线的终点站天通苑北站外，等待乘坐地铁的乘客排起了长队。仅从开始排队到刷卡进站，往往就需要近半个小时的拥挤排队。过长的挤地铁排队时间反而弱化了轨道交通因减少通勤时间而带来的优势。因此，只有首先解决轨道交通的拥挤问题才能解决通勤问题。

看病难为什么仍然挡不住拥挤的人流[①]

和地铁一样拥挤的是北京市的大小医院。北京不仅是我国的政治、经济和文化中心，也已经成为全国的“看病中心”。据说，每年

① 根据《瞭望》期刊资料及相关新闻采访整理。

北京各家医院共接待患者超过 2 亿人次，平均每天有 70 万名外地病患来京就医，导致北京几乎所有三甲医院总是人满为患，也间接导致医患矛盾突出和医护人员压力巨大。而与此同时，在距离北京市中心仅有 30 千米、已成为新“睡城”的河北省燕郊地区，三甲医院病床闲置率居然高达 70%，可每年河北省却有 700 万人次宁肯舍近求远，赶来北京就医。

北京作为全国的医疗中心和优质医疗卫生资源高度聚集地，拥有三级以上医院 60 多家，各种专科医院更是不计其数。据国家卫生和计划生育委员会（以下简称“卫计委”）研究统计和抽样测算，2013 年北京市内三级医院外来就诊患者达 3 036 万人次。突出的优质医疗资源使得北京长期以来对外地病人有着强大的吸引力。

近年来，北京市医疗机构门诊量持续快速增长，尤其是三级以上的医疗机构几乎“不堪重负”。2013 年年末，北京市医疗卫生机构中的卫生人员数量达到 29.4 万人，比上年增长 6.3%，然而医疗服务量的增长更多。全年医疗机构诊疗数约 2.2 亿人次，比上年增长 10.9%，出院数增长 8.3%。北京市三级医疗机构病床使用率 5 年来持续增长，住院服务进一步向三级医院集中，三级医院住院服务压力不断增大。

相比之下，与北京毗邻的河北省因优质医疗资源不足，导致大量病人拥入北京。与北京相比，河北省的优质医疗资源不足、配置不合理、核心竞争力不够等问题突出，总体医疗卫生服务水平不高，基层医疗卫生服务能力明显偏低，缺乏优势专科和特色学科。2013年，河北省每千人床位、每千人执业医师、每千人注册护士数量分别为 4.2 张、2.1 人、1.5 人，三项数据远低于北京市的 5.2 张、3.7 人、4 人。尤其是医学专家、高层次医学人才、学科带头人严重不足，导致病人遇到疑难杂症必须到北京就医。根据国家卫计委研究报告，在北京外来就医人员中，来自河北省的数量最多，约占 23%。

此外，医保异地报销系统不完善也成为阻碍医疗资源合理分布的原因之一。例如，地处河北省燕郊的燕达国际医院是一家民营三级甲等综合性医院，距离北京市中心仅 30 千米，但这里的床位闲置率高达 70%。由于异地看病存在报销手续烦琐、报销周期长等问题，所以居住于此的大量“北漂”只能舍弃燕郊医院而进京求医。

政府部门提出，应在明确首都医疗功能定位的基础上，推进首都医疗资源向周边省市疏解，切实提升河北及周边省市医疗卫生服务水平。同时，通过推进分级诊疗、医保跨省转移等措施，完善医疗服务体系，标本兼治，缓解北京就医难的“城市病”。

其一，科学定位，加强统筹，疏解首都医疗资源。应从国家层面统筹布局医疗资源，比如将全国分成若干区域，分区域建一些国家级医疗中心，让全国卫生资源更加平衡，缓解首都就医压力。北京可以是医学中心，但未必要成为医疗中心，全国人民都到北京来看病，从医疗成本、城市压力等方面都不合理。河北等地可以利用土地等资源优势，建设老年病治疗机构，既分流北京大量的病人，也能带动当地的医疗水平提高和经济社会发展。

其二，加强区域协作，加快提升河北省医疗服务水平。目前北京市在医疗方面有疏解的需求和外溢空间，而河北省有区位优势和空间优势。驻京医疗卫生机构可以通过合作办医、设立分院、整体搬迁、远程会诊、人才培养等多种形式，帮助河北省配置优质医疗资源，提升医疗服务水平，从而为北京分流外地就医人群。

其三，推进分级诊疗，改善就医秩序。通过完善医保政策，加强病人流向管理，改善北京就医秩序，缓解三级医院的压力。在英国、美国等发达国家，医保政策规定，只有家庭医生首诊后转诊到大医院，医保才给报销。类似的政策我国也可以借鉴，以引导病人合理流向。

上述措施应该说在一定程度上确实可以缓解北京看病难的“城市病”。但不可否认这些措施真正实施起来是非常困难的，其中一些办法并不是今天才想出来的，很多措施已经提出了很长时间，但就是难以落实。具体说来，北京的医疗资源如何疏解？医疗资源一方面体现在医疗设备上，另一方面体现在由高水平的医护人员组成的人力资本上，医疗设备搬家容易，医护人员搬家难。医院搬家本身又会造成大量新的医护人员“居业分离”问题，况且如何说服医护人员迁移到北京周边的相对不发达地区对政府部门也是一个巨大的挑战，仅仅保留北京户籍待遇的政策很难产生吸引力。高水平的医护人员不能随医院一起流动，替代的办法就是让资历较浅、水平一般、与医院谈判能力弱的医生流动到北京周边地区，但这种做法能在多大程度上提高这些地区的医疗水平？这值得我们去思考。

以教育资源的合理分配疏导人口

以北京为代表的大城市都是全国或者地区的教育中心，不仅高等教育资源丰富，就连中小学教育资源也非常丰富，但与此同时，本地教育资源的内部差距也非常大。优质学校和基础薄弱的学校长期以来，不论是在师资还是教学基础设施方面都有天壤之别。这就造成学龄人口的两个聚集趋势：一是外埠学龄儿童随来此工作的父母进入大城市，或者是父母为了子女的教育而迁入大城市（如陪读）；二是本地学龄儿童及其父母向优质学区附近聚集。事实上，教育对人口的吸引作用绝不简单地体现为对个体的吸引，更体现为对整个家庭的吸引。

由于中国在文化传统上对教育非常重视，很多家庭甚至把孩子的教育问题看作头等大事，因此为了能享受到优质的教育资源，举家迁徙在中国并不是稀罕的事情。此外，近年来，大城市普遍取消了小学升初中的考试，改为择优或按住址和户口所在地就近入学。对于大多数家长来说，购买学区房获得进入优质小学的“门票”无疑是条捷径，尤其对于没有关系和门路的普通家庭更是如此。2014年，北京市进一步改革了小学入学条件，取消“共建”。所谓“共建”，就是一些单位为了满足员工子女入学，通过单位赞助钱或物的方式，与知名中、小学建立特殊关系，共建单位员工的子女通过专门安排的统一考试（甚至可能不用通过考试），直接入读这些学校。

从正面来看，这确实有助于提高教育的公平性，堵住了一些部门的牟利通道和权力寻租空间，但又从客观上造成了人们对学区房的更大需求。以北京为例，动辄五六万元一平方米的学区房已不稀奇。被网友戏称为“宇宙中心”的五道口学区以及“非富即贵”的西城区实验二小学区的学区房，均价早已突破十万元大关，堪称天价。教育部门对此当然也不是没有应对措施，比如北京市教委主任和教育部相关领导就曾表示，今后的就近入学政策是，每个学区都会有一定数量的优质学校和一般学校相互搭配，学区和学校之间不再是一对一的简单关系，而是随机选择。住在好的学区只是有一定的概率升入优质学校。既然只是获得一个机会，而且在其他学区也并非没有这样的机会，那么原本天价的学区房市场的“高烧”多少可能会退去一些。但取消“共建”等渠道，反过来又可能催生对学区房的新需求，再加上就近居住方便陪读等因素，学区房热潮可能很难在短时间内退去。

归根结底，教育资源分布不均衡、城市内部教育资源落差巨大是造成“城市病”的重要原因，是催生天价学区房和人口向中心城区聚集的病因，而与住房挂钩的入学制度则进一步强化了这种趋势。我们不能把问题的矛头指向房产中介，事实上即便在国外，学区房的价格也是远高于其他非学区住宅的。

复旦大学的陆铭教授曾研究过上海的学区房，他发现区域间在基础教育资源数量和质量上的差异已经部分体现在房价上，就近入学、禁止择校等简单化追求公平的教育政策并不能带来真正的公平，反而可能会加剧依照收入或资产划分居住区域和受教育机会的不公平现象。清华大学的学者研究发现，由于城市居民只有在学区中买房而非租房才能享有学区内小学的入学权，这种“租买不同权”的入学制度造成 2011 年北京市重点学区房溢价达到 8.1%。将基础教育资源与住房租买形式挂钩的制度安排是中国城市居民过度偏好住房自有，进而造成优势区位房价高企的重要原因之一。

解决教育的“城市病”需要对症下药

一是要促进教育资源的公平分配。目前将重点学校与一般学校混合、避免学区与学校一对一升学的措施实现了教育资源公平分配的第一步，但与真正公平分配教育资源的目标尚有较大差距。未来，除了提高基础薄弱学校的硬件条件外，切实提高非重点学校的教学质量和师资水平才是重中之重。

二是要解决包括“租买不同权”在内的各种制度安排中存在的问题。但实现这一步是非常困难的，涉及对存量利益的调整。例如，如果租房可以获得入学名额，那么房东甚至可能将这种名额指标通过房屋虚假出租等方式进行转让，从而将教育的公共服务属性彻底异化甚至是资本化。

三是在改革过程中注意保护大城市本地居民的受教育权利，只有这样才能使改革举措得到大多数人的支持。例如，由于非本地居民租房比重较大，且非本地居民在纳税方面往往不如本地居民贡献大，因此“租买同权”的政策可能更有利于非本地居民。

但这并不是说要排斥非本地居民，事实上，教育资源的公平分配要依靠户籍制度改革以及城镇化的深入推进逐步解决。不论户籍是哪里，只要为本地经济发展做出贡献，满足一定居住和工作时间要求就可以成为本地居民，并享受本地的教育资源。此外，即便是教育学理论本身，对教育公平的定义其实也存在一定争议。从发达国家的教育实践发展来看，精英教育和追求教育平等的平民教育这两种教育思潮一直在反复斗争，而今天看来似乎是“东风压倒了西风”，政府开始重视教育的公平性。长期来看，这种趋势可能还会有所反复，比如出现各种私立的精英学校，这将对城市发展以及根治“城市病”产生何种影响目前尚不可知。

发展中小城市与改善中心城市环境并行不悖

2010 年我国城镇化水平已经达到 47.7%。在大城市的“城市病”不断显现的同时，中小城市的吸引力却在持续减弱，年轻人不断从中小城市向大中城市尤其是一线城市迁移和聚集。在这种情形下，我们有必要探讨一下发展中小城市与解决大城市“城市病”之间的关系。在此方面，就地城镇化是一个新兴的概念和治理之道。

所谓就地城镇化是指区域经济发展到一定程度后，非城市居民在原住地一定范围内，依托中心小城镇就地、就近实现市民化和城镇化的方式。就地城镇化有以下表现：一是人口集聚程度比较高；二是生产方式由第一产业向第二、第三产业转化；三是居民享受到城市的公共服务。就地城镇化也是一些发达国家的普遍做法，其中德国的做法最为典型。德国和我国一样是人口稠密的国家，德国的城镇化做法就非常值得我国借鉴。德国早在 20 世纪头十年就已经完成了城镇化，当时有 65% 以上的人口居住在小城镇。截至 2014 年，德国有小城镇 1.35 万个。虽然是小城镇，但公共服务和市政设施完善，环境良好，产业层次较高，甚至不输给一些大中城市。

德国的城镇化模式还有一个优点，即小城镇分散了大城市的住房需求，使得中心城市的房价长期稳定。与德国不同，美国和日本等国家的人口主要集中在大型城市，例如纽约、洛杉矶、东京、大阪等，但大城市周边也分布着众多的小城镇。而荷兰的兰斯塔德城市群包括阿姆斯特丹、鹿特丹和海牙三座大城市，并由众多小城镇包围。在中国，长三角地区的城市群可能与西方发达国家较为类似。以上海为中心，周边分布着嘉兴、苏州等中小城市以及杭州、宁波等大城市。这些城市与上海的产业结构高度融合，以 GDP 衡量的经济发展水平相对接近，从而形成了依靠产业链为纽带的充满生机的城市群。由于城市群中的中小城市以及小城镇较为发达，人口分布可以呈现双向流动的态势，这就在一定程度上缓解了中心大城市的“城市病”。

与上海相比，北京周边缺少其他经济发展水平相近的中小城市“陪伴”，这导致北京的人口分布只能呈现单向流动态势。前文提到的大量河北的病患舍近求远到北京就医就是一个典型的例子。独特的政治中心地理优势使得北京集中了其自身发展所需的所有经济业态，产业链也没有充分向外部延伸。例如，北京市中心目前仍有一些大型批发市场，而这种业态与首都的发展定位极不相称。与此形成鲜明对照的是，上海周边的中小城市就充分承接了这类相对低端的业态，比如浙江海宁皮革城。长三角地区的中小城市和小城镇能够依托上海市场充分发展自己，而北京周边的中小城市以及小城镇则被首都经济体不断吸取发展的潜力和资源，宣传已久的环渤海经济圈一直难以发展起来。

现阶段，发展小城镇还有另一层现实意义，就是吸纳返乡农民工的市民化过程。当前，有相当数量的农民工采取“折返式”的城镇化道路。也就是说，农民工通过在大城市工作积累了一定的资金和工作经验后，返回家乡并在家乡所在地附近的小城镇创业、置业，逐步实现定居。一方面发展小城镇满足了这些农民工自身的发展需求；另一方面农民工返乡定居带来的资金和劳动力又促进了这些小城镇的发展，形成了良性的互动，激发出小城镇发展的内生动力。

在发展小城镇的同时，也不应忽视对中心城市环境的改善。有些人认为解决大城市的“城市病”只需要调控人口和城市规划，而忽视了改善大城市自身的环境建设。这一方面与前些年我国很多城市“大干快上”，城市基础设施和高楼大厦快速上马建设有关；另一方面也和新闻媒体不时传来的因市政工程牵出的腐败丑闻以及暴力拆迁有关。暴力拆迁以及腐败问题让人们觉得市政建设在一定程度上已经和改善人们生活关系不大，而沦为敛财工具和各种悲剧的发源地，遂逐渐对其产生排斥感。事实上，现阶段我国大城市的基础建设与发达国家相比还有相当大的差距，问题的核心不在于是不是要搞这些建设。建设一定要搞，这不仅是 GDP 的需要，也是人民生活的切实需要，只要在继续加强市政建设的同时加强管理、依法行政即可。

说我国大城市的基础设施远不及发达国家大城市并不是危言耸听。仅以北京为例，一场“7·21”暴雨就把“地下的良心工程”打回了原形。北京大学的徐建国副教授等学者曾研究发现，如果以地下管网密度衡量，北京的城市建设水平甚至不及西方发达国家 50 年前的水平。不仅仅是地下的基础设施，地上的老旧城区改造也远未完成。二环路内大量胡同的改造牵扯到文物保护，对此本文不再深谈。三环路外依然成片存在的城乡接合部以及城中村仍旧没有清理干净。前些年，北京开始的 50 个重点村改造工程为此开了个头，但综合整治和改造还远未结束。也许超乎很多人想象的是，在北京站以及建国门、北京 CBD 附近就存在大量低矮、破旧、人员混杂的棚户区。这些区域在奥运会前被一些临时建起的围墙遮挡，这一挡就是六年仍不见改善。上述区域与北京的城市形象极不相称，亟须政府加大改造力度。正像李克强总理所说，不能一边是高楼大厦，另一边是低矮破旧。

拉美国家的“城市病”应引以为戒

拉美国家的现代化发展早于中国，这些国家于 19 世纪末就被卷入现代化浪潮。20 世纪 30 年代至 50 年代，大多数拉美国家先后进入了工业化和现代化的发展阶段。经过一个世纪的发展，拉美国家的平均城镇化水平由 25% 提高到 75%，同时，人均预期寿命提高到 70 岁以上，成人识字率增加到 85%。可以说拉美国家的城镇化和现代化取得了显著的进步。但是，人们对拉美地区最直接的印象大概就是巴西的贫民窟和墨西哥的贩毒团伙了，著名的世界级超大城市墨西哥城则以交通拥堵和管理混乱著称。这说明，伴随着拉美国家的现代化发展和城镇化水平的不断提高，“城市病”也呈现出集中爆发的态势，已成为拉美国家现代化可持续发展的阻力和障碍。

拉美国家的城镇化与工业化同步进行，在工业化进程中形成了以中心城市为主体的经济发展圈。由于历史和制度原因，拉美国家的工业主要集中在首都、沿海港口和交通枢纽城市。例如，巴西 80% 以上的工业生产集中在圣保罗、里约热内卢等城市，阿根廷 70% 的工业集中于圣地亚哥，墨西哥城的国民生产总值接近墨西哥全国的 1/3。在拉美国家，随着城市工业和服务业的发展，城市就业机会大增，农村剩余劳动力大量涌入城市。1950—1975 年，拉美国家人口中约有 82% 被城市吸收，到 1995 年，城市人口更是达到 3.5 亿。由于工业集中在首都，所以拉美国家城镇化的发展过程中呈现出人口主要集中在各国首都这一特点。除上文提到的墨西哥城，太子港集中了海地共和国城市人口的 56%，拉巴斯集中了玻利维亚 44% 的城市人口，布宜诺斯艾利斯则集中了阿根廷 45% 的城市人口。

拉美国家快速、无节制的城镇化发展趋势以及人口、资源过度向单一的中心城市聚集造成人口的地理分布极度不均衡，导致这些国家内部地区之间经济发展的巨大差异。与此同时，贫富差距持续扩大的现象始终伴随着拉美国家的城镇化过程。城市中的富人们的生活比肩美国上流社会，而大量贫困人口的生活却日益恶化。巴西里约热内卢的贫民窟暴力失控、毒品泛滥，缺乏像样的基础设施。例如，在里约热内卢最大的贫民窟罗欣哈中有 30 万人居住，但家家没有厕所，时常缺水断电。20 世纪 80—90 年代，南美洲国家先后遇到债务危机和经济停滞，失业率大增。例如，1997 年阿根廷的失业率达到 14%，哥伦比亚达到 12%。还有些国家中，失业、半失业人口占国家全部劳动人口的近 50%，生活成本的压力使这些失业者流入贫民窟。

里约热内卢贫民窟的历史和其建城史密不可分。里约热内卢的建城可以追溯到 16 世纪，当时的葡萄牙殖民者修建了这座城市，主要是为了管理奴隶贸易。1888 年奴隶们获得解放，大部分来自非洲的奴隶就在当地定居，他们用木板等简陋的材料在城市近郊的基督山下搭建起了一片低矮的房屋——该市的第一个贫民窟诞生了。此后，随着外来移民不断涌入，贫民窟的规模日益扩大。20 世纪 70 年代，巴西城镇化加速，大批人口从农村涌入城市，面对城市的高房价，这些人只能望洋兴叹，所以贫民窟就成了他们扎堆的据点。当这些在大城市打拼赚钱的临时务工者遭遇了20世纪80年代巴西经济停滞时，贫民窟的规模再次扩大。如今，里约热内卢的所有贫民窟里居住的人口超过200万，占里约总人口的1/6。

拉美国家“城市病”的惨痛教训告诉我们，避免“城市病”需要特别注意解决好以下两个问题：第一，避免经济过于集中于少数大城市。根据经济地理学和空间经济学的研究，由于交易成本低廉和规模报酬递增特性，大城市具有明显的规模效应优势，规模越大，经济发展的边际成本越低，进而越吸引各类资源向大城市集中。拉美国家由于自身的历史原因，工业集中于首都等少数城市，这导致人口快速涌入首都等少数中心城市，而相应的市政基础设施建设和住房建设跟不上人口增长速度，再加上缺少政府有力的政策引导和调控，工业和经济布局完全由经济因素决定，而资源、环境等决定发展的可持续性的因素没有被内化到城镇化进程中，最终造成城市规模超过城市自身资源和环境的承载力，导致空气污染、水资源匮乏、人口拥挤和公共服务质量下降。

第二，在一段时间内不能忽视包括房地产开发和基础设施建设在内的城市开发建设的重要性。在城镇化的快速发展阶段，由于人口快速增加和城市居民对住房条件改善的巨大需求，住房需求可能呈现出指数型增长，并表现为房价的快速增长和住宅供不应求。出现这种情况时不能简单地认为这是房价泡沫或经济泡沫，更不能采取简单的行政干预去解决。对需求的简单压制等行政干预方法解决不了问题出现的根源——住房供应不足。巴曙松研究员在《房地产大周期的金融视角》一书中曾提出，中国当前的城镇化发展大概相当于日本20世纪70年代的水平，如果以老房更新的程度看，城镇化水平可能更低，这一阶段是通常的房地产建设高峰时期。对比北京和上海，情况可能更加明显。2009年“4万亿”经济刺激措施出台后，特别是2012年以来，北京房价的增速远高于上海。上海的房价曾经高于北京，现在北京的房价已经远超上海，其中的根源何在？首先就是上海新增住宅的开发速度远高于北京，且城市规划好于北京。这就导致人们对房价的预期较为稳定，不会出现对买房的恐慌情绪。相反，北京的各种行政干预措施事实上降低了房地产开发速度，一系列调控更是激发了人们对住房稀缺性的恐慌，生怕晚一步买不上房，最终导致房价进一步飙升，调控结果和调控初衷完全背道而驰。

北京正常的住房需求有多少？从高达十几万甚至几十万的自住房申请量就可见一斑，这些申请人可是实打实的“刚需”。只有加大城市建设力度才能避免拉美式的贫民窟出现。对此，政府应有充分的认识，不要等问题积重难返才去解决。

调控：有形的“政府之手”还是无形的“市场之手”

政府部门对包括北京在内的大城市的人口规模调控一直没有中断，人口控制目标不断更新，调控手段不断“创新”。例如，北京于1983年确定的2000年人口规模控制目标为1 000万，1993年确定的2010年人口规模控制目标为1 250万，而2005年确定的2020年人口规模控制目标为1 800万。为实现调控目标，政府部门也采取了相当多的严厉措施。但现实情况是，1983年制定的2000年目标在20世纪80年代末即被突破，1993年制定的2010年目标在2000年被突破，1 800万的人口调控目标也提前十年宣告终结。这说明传统的行政指令性的调控手段难以发挥实际作用，有形的“政府之手”已无力实现调控目标。事实上，从前文一系列分析不难发现，经济因素才是城市人口规模变化的决定条件，理性人的成本—收益分析是决定城乡居民人口迁移的根本出发点。因此，调控城市人口规模和解决“城市病”也应首先从经济手段出发，依靠无形的“市场之手”因势利导，科学调整。具体来说，就是要通过调整产业结构、产业规模以及产业分布，合理引导大城市的人口规模、结构和分布。此外，还要通过科学规划产业布局来形成多中心的城市格局，走上“以业控人、居业融合”的调控路径。既要避免人口在单一城市中心过度聚集而引起各种“城市病”，又要在多个城市中心形成适度的人口居住规模和本地就业规模，减少由“居业分离”导致的交通潮汐，并通过教育、医疗资源的均衡分配，降低居民因求学、就医及工作距离过远导致的高昂通勤成本。

当然，强调城市调控的“无形之手”并不意味着应该对政府的“有形之手”弃之不用。事实上，在很多情况下“无形之手”也要依靠“有形之手”才能发挥作用。例如，在城市产业的选择和布局上，如果完全依靠“无形之手”则势必导致布局混乱，高利润但同时也高污染、高耗能的产业可能乘虚而入，这种经济外部性将进一步导致“城市病”的不断恶化。具体来说，政府部门可以通过交通特别是轨道交通建设，引导城市空间主要沿交通干线扩张。交通先行的同时，还应当在交通干线附近形成功能齐全的城市“组团”，组团中既包含解决就业的产业部门，又包含解决公共服务的教育、医疗部门，还应当包含相当的商业设施，从而形成真正意义上的城市综合体。现阶段，由于北京等大城市市中心的产业布局已经成形，下一步应当在产业布局调整和“以业控人”的同时，充分注重相应公共服务资源和商业资源的配套调整，确保城市综合体和“组团”的经济自我循环和环境自我平衡。需要指出的是，这个过程必然涉及许多重大利益调整，甚至已经超出了经济学所谓的“帕累托改进”的范畴，也就是说这种改进不可能在所有人都不受损失的情况下完成。调控如何实施，以及如何减少调控过程中的冲突和矛盾是摆在政府部门面前的一道难题，考验着“有形之手”的社会管理能力。

我们期待中国的“城市病”能够得到彻底解决，使中国的城市走上一条内生可持续的发展道路。要想避免陷入拉美国家那样的“城市病”灾难，我们就要多向发达国家深入学习其发展的经验和教训，不能浮在问题的表面，简单地认为发达国家的城市现状就是最好的结果，而是要从更长的时间维度和历史进程去观察各个城市的发展脉络和发展特色，汲人所长，为我所用。

附录 2

地铁票价该怎么涨

本文写于2013年。2014年年底，北京地铁开始全面施行计程票制。

前面提到，北京地铁低廉的票价是吸引乘客并造成拥挤的一个重要原因。从经济学的角度看这是典型的供不应求现象，是价格管制导致实际车票价格低于均衡价格的结果。相应地，从经济学视角出发，在地铁规划和建设不变的情况下，只有北京地铁也像上海地铁一样合理设定票价才能解决拥挤问题，并促进居民合理规划居住地点，科学选择出行方式。

除了解决交通拥堵问题，北京地铁涨价还有更深层次的经济意义。当前，北京地铁的建设运营主要由政府补贴支持，每年仅票价补贴就达到几十亿元，若再加上建设费用就高达数百亿元，已经使政府财政不堪重负。从地方政府角度出发，由于2元票价面向的是所有乘车者，这就相当于大量北京本地财政支出补贴给了全国来京的乘客，但这些乘客并不给北京市贡献税收，这就出现了突出而现实的经济矛盾。客观地讲，政府当然应该公平地对待每一位乘客，但对于地方政府，自身的财政收支平衡是关系城市的可持续发展的重要和现实问题。

此外，融资难也是对包括地铁在内的北京公共交通体系的经济可持续性的重大考验。目前，包括北京公交集团在内的企业都是政府融资平台，融资来源主要为中长期的银行贷款。中央政府出于对地方政府债务规模的担忧和防范金融风险的考虑，要求相关金融管理部门对政府融资平台企业贷款进行了清理整顿，融资平台新增贷款规模受到限制。公交和地铁建设运营企业融资渠道受限促使这些企业必须想办法退出融资平台名单，而根据国务院清理融资平台的相关文件精神，退出融资平台名单的前提是实现现金流“全覆盖”，也就是说融资平台自身的经营性净现金流需能够覆盖全部银行贷款本息。北京地铁无论乘多远一律 2 元的票价收入对于“全覆盖”的要求来说无异于杯水车薪。现行票价能维持地铁日常的运营成本已经很困难，更不可能覆盖当初的建设成本。

与北京相比，不仅是上海，全国主要城市的地铁票价都要高出不少。例如，上海地铁票价最低 3 元起步，并根据乘车距离和换乘线路的不同从 2 元、4 元一直涨到 7 元、9 元不等，最高票价是北京的 4 倍多，显然定价要更合理、更可持续。广州地铁票价为 2 元至

12元，按里程计算票价，其中里程的前4千米为2元，之后再按照每4千米增加1元、每6千米增加1元、每8千米增加1元的方式增长，里程越长越优惠，12元最多可乘57千米。南京目前已经开通的地铁1号线执行分段票价，分别为2元、3元和4元，前8站2元，每增加4站加1元，总共16个站。平均测算下来，8站7个区间约9.8千米的距离，费率为0.20元/（人 × 千米）。有关部门确定此价格的原因主要是它高于公交空调车，低于出租车，符合地铁票价在南京市综合公交中合理的比价关系。天津地铁也实行分段计程票价制，起步价为2元，全程票价为5元，乘坐5站以内（含5站）的票价为2元，5站以上10站以下的（含10站）票价为3元，10站以上16站以下（含16站）的票价为4元，16站以上的票价为5元。深圳地铁采用分段计价制，每相邻两站之间为1个区间，每4个区间为1个区段，起步价为2元，可乘坐3个区间，每进入下一区段加收1元。1号线从罗湖站至世界之窗站全程的票价为5元。

全国其他大城市地铁票的定价方式能够给北京地铁带来很大启示。总体来看，要想解决公共交通拥挤、城市不堪重负的问题，北京地铁票定价的调整应当遵循以下原则：

一是商业上的可持续。地铁票价收入应当能够覆盖相当一部分运营及建设费用，并且至少能够负担贷款利息，尽快实现商业化运作，以保证融资渠道的畅通及自身信用，并减少政府的贷款利息成本。此外，地铁建设和运营单位还应当充分利用地铁难得的空间资源和人流资源，通过商业经营和投资活动获得利润以弥补建设成本。以香港地铁为例，地铁站在香港已经成为最重要的商业空间，其中各种便利店、食品店林立，租金收入相当可观。而反观北京，地铁站中基本见不到商业经营活动，仅有少量广告投放。如果这是出于管理方便或者车站安全的考虑倒也无可厚非。但较之香港，这能够体现出北京地铁在管理的精细化、科学化、商业化上的差距甚大。

二是实现分段或分里程计价，多坐多花钱，少坐少花钱。全国主要城市的地铁仅有北京实行单一票价制，这与当时为迎接奥运鼓励市民乘坐公共交通工具出行的政策密切相关，也是实实在在地让利于民。但奥运会已经结束 6 年，公交出行理念早已深入人心。此外，随着出租车价格以及私家车用车成本持续升高，适时地提高地铁票价也具有现实的合理性。分段或分里程计价符合经济学的供求理论，有利于乘客合理选择交通方式。现阶段，可以考虑在 2 元票价基础上，按照每 5—10 站增加 1—2 元的标准计价。当然，这种计价方式实现起来也有一些困难，这主要是由于北京地铁的线路规划造成的。目前，北京地铁以 2 号线和 10 号线组成的两个环形线路为骨架，再连接 1 号线、6 号线两条横向干线，以及 4 号线、5 号线两条纵向干线构成路网主体，这就导致同样的起点和终点之间有多种线路选择方式。北京地铁的信息系统是否能够准确、快速地识别乘客的实际乘车距离可能是一个技术上的难题。

三是提价与补贴并行，分时调价并适度让利本地常住居民和弱势群体。北京地铁固然需要提价，但也要考虑居民特别是常住居民和弱势群体的可承受能力。地铁对于很多上班族来说都是必需的甚至唯一的通勤方式，而在交通工具选择上地铁往往又不具有可替代性。对于这些人来说，地铁出行就变成了一种刚性需求——不论是否涨价，乘坐需求就摆在那里。所以地铁票价上涨对这些乘客来说无疑会造成固定生活成本的上升。当然，我们也需要进一步深入、细致地分析乘客群体间的内在差别。刚性需求的乘客大致可分为两类：一类是上班族、年轻白领，这部分群体乘地铁上班的时间固定、收入相对较高，从个人效用角度来看，愿意为相对舒适而不拥挤的乘车环境支付较高成本，同时对票价上涨的感受相对不敏感，涨价对其生活质量影响不大。另一类是居住在地铁沿线的本地居民，特别是中老年人。这部分人群的生活压力可能较大，主要依靠公共交通出行，并且对原来低成本出行的印象深刻，涨价不论是在心理上还是生活品质上对他们的影响都较大。但这部分人群的出行时间的随机性可能较强，并不一定要赶在早晚高峰时段出行。除上述刚需群体外，还有因限行而临时乘坐地铁的开车族，进京旅游、求医、探亲的外地乘客等。对这部分乘客来说，乘车的随机性更大，人均乘车需求量不高，对涨价的感受不明显。但由于总体人数众多，通过涨价调节可以对这部分乘客有效地起到人员分流作用。

综合上述几类人群的行为模式，可以设计地铁调价模式如下：第一，分时调价，早晚高峰时段的票价可以较大幅度地提高。第二，定向补贴常住居民、中老年乘客和弱势群体，但早晚高峰的补贴幅度要缩小。定向补贴可以通过社区或企事业单位统一登记办理，以户籍或纳税社保记录为领取依据。第三，早晚高峰时段限售临时票。购买临时车票的乘客主要是游客等临时来京群体，这部分乘客早晚高峰乘车的需求刚性不高，再加上一般不熟悉当地的乘车常识（如不熟悉安检要求、乘车要求、出入检票闸机的使用方式等），分流这些乘客可以在不影响他们出行要求的情况下，客观上提高整个地铁系统的运行效率。第四，在早晚高峰时段对乘客携带行李的大小进行限制，这既符合当前严峻的安检工作的需要，也与进一步提高地铁有效载客率的要求一致。

第四章

为啥有些行业超有钱

——金融、地产业及政府平台背后的货币运行

现代信用货币经银行体系创造之后，必定要在经济体系的某一行业或某一消费主体手中实现其购买力，这是货币存在的本质。我们认为，近10年中国的货币运行正如放开闸门的“大水”，通过金融的“河道”，大部分涌入了地产业与政府平台这两大“容器”。

为什么地产业容纳了最多货币

谈及中国宏观经济，大家热衷探讨的是 GDP 增长、就业率、“克强指数”、人民币汇率、出口等问题，而宏观经济背后的货币运行一直被有意无意地忽视，但这却是关系经济体系的方方面面的关键问题。货币是一国用于发展国民经济、维持市场运行的本钱，是行业重要的生产要素之一。货币说白了就是钱。谈及货币与产业，就不得不问以下问题：一个经济体的经济体系需要的钱都来自哪儿？中国现在究竟有多少钱？这些钱又都到了哪儿去？为啥有些行业特别有钱？本章从货币运行的视角审视中国经济的三个重要行业——金融业、地产业、政府平台。

“黄河之水天上来，奔流到海不复回”谈的是河流的生生不息，而货币的属性在某些方面正如河流一样，发源于“雪山”（央行、商业银行），经过河道穿越“高山平原”（各金融行业），滋润一方“水土”（经济体系中的各行各业）。费雪在其著作《利息通论》中，开篇第一句即写道“收入是一连串事件”，货币同样也是一连串事件，其中包含了货币的创造以及货币在经济体系中的运行（与产业的结合）。周其仁教授认为“讨论货币问题始终要牢记一点，货币别无他用，只能用来购买商品与服务”，更进一步分析，讨论产业的资金要素时必须认识到，现代信用货币经银行体系创造之后，必定要在经济体系的某一行业或某一消费主体手中实现其购买力，这是货币存在的本质。我们认为，中国近10年货币的运行正如放开闸门的“大水”，通过金融的“河道”，大部分涌入了地产业与政府平台这两大“容器”。货币、货币量、货币创造、货币运行、金融业、央行、商业银行、非银行金融机构、非标资产、房地产开发、政府平台、房地产投资、政府负债、“4万亿”等是我们讨论的关键词，而论述则包含以下六个方面：

第一，界定研究对象。何为货币？何为货币运行？本章涉及的金融、地产业及政府平台具体是指哪些行业或公司？第二，阐述本章分析的基础，主要是货币创造原理、货币政策的“不可能三角”，以及货币与产业的关系三个方面。第三，论述货币的来源与货币量。目前，中国经济体系中究竟有多少货币？分别来自哪里？第四，货币超发可能产生什么后果？货币超发可能引起通胀，但在短期又可能刺激就业。第五，分析地产业与货币运行的关系。地产业这一“货币容器”的容量究竟有多大？为什么地产业容纳了最多货币？政府主导的基础设施建设为什么成为近10年中国经济的投资主力？政府负债状况是怎样的？是否有风险？第六，金融行业中的商业银行的作用是什么？信托等非银行金融机构设计的非标资产又起到什么作用？金融体系存在的根本意义在于创造货币，并连接货币与产业。在本章的最后，我们将对货币“狂飙”之后，上述三个行业分别面临的地产新形势、地方债审计、金融体系改革等问题进行讨论，并根据中国货币运行与金融、地产业、政府平台的相互关系进行总结。

货币、信用货币与货币运行

研究中国目前货币运行与金融、地产业及政府平台之间的关系，首先需要界定并把握何为货币，何为货币运行。在实践中，货币量是如何计量的？在界定货币的基础上，进一步确定论述的金融、地产业、政府平台三大行业的具体指向。

在原始的物物交换时代，经济运行与市场交易无需货币。随着劳动分工的日益深化与市场交易的日趋发达，为克服交易时的不便，人们创造了货币。货币的第一功能就是充当“一般等价物”，它是交易时必不可少的媒介与度量。随着时代发展，货币的形态也逐步发生着改变。最初，货币是以金、银等贵金属为代表的实物货币。近代以来，基于国家信用的信用货币“大行其道”，信用货币以纸币为主要代表。随着电子信息技术的飞速发展，以电子货币为代表的虚拟货币开始出现并日益流行。① 货币演进的历程可以用新制度经济学中的交易成本理论来剖析：黄金等贵金属需耗费大量劳动并占用部分非生产费用，而信用货币作为替代物减少了各种相关成本。随着金属铸币逐渐退出流通环节，信用货币与金属货币的兑换也于 20 世纪 90 年代完全停止了。信用货币主要产生于商业银行的贷款发放，其本质是一种代表着索取权的存款凭证。②

货币运行可以从性质和数量两个层面进行界定。从性质上说，货币运行指的是货币发行部门向货币接受部门输出货币的整个过程，具体包括货币的原始发行、货币的创造、货币的流动、货币购买力的实现等环节。货币运行是货币发行或创造部门的金融负债，是货币接受部门的金融资产。从数量层面看，货币运行必然涉及货币量，是货币发行部门向货币接受部门输出的货币的净额。货币量包含货币供应量、货币需求量、货币流通量等。中央银行与其他存款性金融机构是中国主要的货币发行与货币创造部门。货币量是中

---

① 从经济性质的角度看，贵金属除了充当货币之外，还有别的实际用处；而纸币纯粹是交易媒介。

② 关于商业银行如何创造了信用货币，下一节将进行详述。

央银行及存款性金融机构资产负债表中的负债项余额。总之，货币与货币运行的最大差别在于货币是静态概念，而货币运行是动态过程且包含了数量的维度。

本章主要从货币供应的角度考察货币量，从货币购买力实现的角度考察货币如何与地产业等行业相互结合。发行货币是一种国家权力，而究竟发行多少货币，或者说根据什么决定货币发行量，[①] 货币发行后如何渗透至各行各业，货币过量发行可能引起的通胀等相关问题，是本章探讨的核心。

金融与货币创造

本章标题中的金融主要指银行和非银行金融机构。银行是经营货币信贷业务的金融机构，主要分为职责各不相同的中央银行、商业银行、投资银行、政策性银行等。本章论及的金融行业主要是从货币创造的视角进行审视，其中中央银行和商业银行对于货币创造

① 为法定货币选锚是事关经济体系中各行各业的一个关键问题，本章的讨论仅限于中国的货币运行、地产业和政府平台的货币吸纳量等。

最为重要。中国人民银行是我国的中央银行，主要执行货币政策，对国民经济进行宏观调控，对金融机构乃至金融业进行监督管理。商业银行是吸收公众存款、发放贷款及办理票据贴现的金融机构，主要通过存款、贷款、汇兑、储蓄等业务承担信用中介职能。[①]银行是最重要的金融中介，通过创造货币为各个行业提供积累资产的工具（货币）。地产业及政府平台的企业从银行借款以购买各种资产、支付劳动力成本等。银行信贷的产生、扩张、收缩意味着货币（购买力）的创造或消亡。

非银行金融机构是除银行以外的其他金融机构，主要包括信托、证券、保险、融资租赁、财务公司等，它们以接受信用委托、发行股票和债券、提供保险等形式筹集资金，并将所筹资金运用于长期性投资。非银行金融机构是金融体系的重要组成部分，同样具有货币创造的功能。理论上讲，银行与其他非银行金融机构最大的区别是后者创造货币的能力低于银行。[②]从货币创造的过程看，非银行

---

① 截至 2011 年年底，中国金融业的银行数量：2 家政策性银行及国家开发银行，5 家大型国有商业银行，12 家股份制商业银行，144 家城市商业银行，212 家农村商业银行，190 家农村合作银行，2 265 家农村信用社，1 家邮政储蓄银行，635 家村镇银行以及 46 家农村资金互助社等。

② 根本原因在于非银行金融机构不以吸收存款作为主要资金来源，尤其是活期存款和个人储蓄存款。

金融机构根据持有的某类资产而创造出特定负债，同样创造可贷货币，因此银行与非银行金融机构在货币创造方面并无本质差异，只存在程度方面的差异。①

地产业与融资

本章标题中的地产业主要指房地产业，是从事房地产开发、建设、经营、管理、服务等多种经济活动的一个具有高度综合性的行业。地产业的关联性很强，其发展能带动钢材、水泥、家电等 40 多个其他产业的发展，是中国国民经济的支柱产业。② 地产业是资金密集型产业，房地产开发与经营的过程需要大量资金投入。房地产开发企业只凭借自有资金很难完成项目开发，需要寻找不同的融资渠道以满足企业对货币的需求。从房地产金融运作的层面来看，房地产开发信贷业务是随着商品经济的发展而兴起的。

---

① 截至 2014 年，中国非银行金融机构的数量：68 家信托公司，91 家公募基金公司，67 家基金子公司，111 家证券公司，117 家保险机构，115 家财务公司，40 家金融租赁机构，265 家理财公司等。

② 2003 年 8 月 12 日国务院发布《关于促进房地产市场持续健康发展的通知》（简称“18 号令”）正式确立了地产业已经成为国民经济支柱产业的地位。

地产业融资是房地产企业进行房地产开发与经营获得所需资金的形式、手段、途径和渠道等。正因为地产业资金需求极大，所以其对融资方式的选择也多种多样，主要包括银行贷款、信托贷款、企业债券、预收账款、上市融资、基金融资、外资融资等。中国的地产业在20世纪80年代逐步复苏、发展，其融资呈现出以下特点：银行信贷为主要货币资金来源，占比例最大；直接融资（上市或发债）比例较小；[①]定金及预售款在开发企业货币资金来源中占有一定比重。

政府平台与政府负债

本章标题中的政府平台主要从政府举债主体的角度来谈，包括政府融资平台、经费补助事业单位、公用事业单位等，其中以地方政府融资平台为主。政府平台是由地方政府及其部门和机构财政拨款或注入土地、股权等资产设立的，拥有独立法人资格，承担政府投融资功能的一种经济实体。[②]中国人民银行曾对政府融资平台进

① 房地产上市公司占全部房地产开发企业的比例仅为2‰左右。

② 根据《国务院关于加强地方政府融资平台公司管理有关问题的通知》（国发〔2010〕19号）文件整理。

行界定：由地方政府发起的，通过划拨土地、股权、国债等资产设立的一个资产和现金流均可达融资标准的公司。地方政府各融资平台的内涵可从三方面把握：其一，发起部门主要是地方政府；其二，设立主要通过财政拨款或注入土地、股权等资产；其三，设立目的主要是政府项目的投融资。[①] 各级地方政府成立的政府平台名称五花八门，譬如建设投资公司、建设开发公司、投资开发公司、投资控股公司、投资发展公司、投资集团公司、国有资产运营公司、行业性投资公司、国有资本经营管理中心等。

政府负债是政府筹措财政收入的一种形式，其收入列入地方预算，由地方政府调度。而政府平台是政府负债的发行主体之一，也是最大主体。政府平台举债的原因主要在于分税制改革后地方政府的财力不足，难以支持公共物品的供给。随着中国经济快速发展，人民群众对公共物品的需求也日益增加，地方政府仅仅依靠财政投资已捉襟见肘。此种情况下，广泛吸收民间资本便成为重要选择，政府通过各种形式举债的行为就应运而生。以政府平台的投融资公司为例，它们因为具有政府背景，所以更容易获得各种资金的青睐，

---

① 根据财政部、人民银行、发改委、银监会《关于贯彻〈国务院关于加强地方政府融资平台公司管理有关问题的通知〉相关事项的通知》（财预〔2010〕412号）整理。

特别是银行等金融机构的贷款以及发行城投债等。因为政府平台具有显性与隐性的政府担保性质，政府平台实质上已成为地方政府的隐形财政债务。政府以政府平台进行举债时往往辅之财政补贴作为兑付承诺，因此可能存在潜在的风险。各政府平台在获得资金后，往往用于市政建设、公用事业等，主要包括开发区、园区建设，土地储备，城市投资建设，交通运输类建设等。

所谓的“高富帅”行业

说起中国近10年高校毕业生的就业选择，金融、地产业及政府平台一直都是其中的热门，一个根本的原因就是这三个行业超有钱，工资相对较高，甚至被不少人称为“高富帅”行业。事实真的如此吗?

《北京青年报》2014年3月25日报道:“目前沪深两市690家上市公司披露2013年年报，职工平均年薪居前列的行业分别为:非银行金融（42.54万元）、银行（39.32万元）、地产业（16.8万元），其中非银行金融公司以超过40万元的平均年薪而居于首位。”摘取几个关键词:非银行金融业人均年薪42.54万元，银行业人均年薪

39.32 万元，地产业人均年薪 16.8 万元。其中非银行金融主要包括信托、保险、证券、基金等行业，例如安信信托，其 2013 年薪资总额高达 2.05 亿元，而其披露的职工总数仅为 163 人，以此计算人均薪酬高达 125.77 万元。[①] 其实这篇新闻报道的薪酬计算方法较简单，就是用各家公司年报分析披露的薪资总额除以员工总数，这种计算虽不一定精准，但已能说明一些问题。

宏观经济的运行需要不同行业的协同，为什么上述行业的职工平均薪酬明显高于其他行业？这些行业的报酬高是因为它们需要更高深的知识和更高级的技能吗？在经济领域，大部分参与者（无论是经营者、消费者还是求职者）追求的都是所谓“高富帅”行业，换句话说就是希望成为“最具钱景”的行业的从业者。于近 20 年来的中国经济而言，地产业、金融业（银行和非银行金融机构），再加上政府平台，基本可算是集中了“高”“富”“帅”的行业。其中，“高”是指其庞大的规模和狂飙的速度，“富”是指其令人艳羡的融资渠道和现金储备，“帅”则是指足以影响市场的强大号召力和溢价效应。

① 该公司是中国第一批股份制非银行金融机构，是国内最早一批金融类上市公司，也是目前我国仅有的两家上市信托公司之一。

信用货币的创造

构建在“理性人”假设基础上的微观经济学一直具有较强的解释力，而宏观经济学的发展则受制于宏观经济过于宽泛，始终不易把握与分析。本节在经济理论层面力求化繁为简，旨从货币创造、货币政策目标的取舍以及货币购买力的实现（货币进入产业）三个角度为后续分析奠定理论基础。

根据货币理论，货币运行中信用货币的创造主要包含两个环节：首先是中央银行创造基础货币，其次是商业银行创造存款货币。基础货币主要包括流通中的现金、商业银行上缴的准备金、中央银行购买的政府债券和外汇等。中央银行调控基础货币的手段主要包括再贷款、再贴现和调整法定准备金率等。商业银行创造存款货币是指假设银行的存款人不提现，在存款准备金率的限制之外，各商业银行可利用原始存款发放贷款，从而创造出派生存款的循环，最终按照某货币乘数的倍数创造出多倍的信用货币。

下面将举例分析商业银行创造存款货币的过程。当中央银行存款准备金率为 20% 时，A（企业或个人）将 1 万元存进某家商业银行 B，此时 B 银行需要将 0.2 万元存入中央银行，而剩余的 0.8 万元可以由 B 银行放贷给 C（企业或个人）。C（企业或个人）可以继续将贷得的 0.8 万元存入商业银行 D，银行 D 需要到央行存入 0.16 万元准备金，之后可继续放贷 0.64 万元。上述存贷的过程可以无限循环，理论上多家商业银行可以共同创造 5 万元的存款货币，即 1 万元除以存款准备金率 20%，此时货币创造乘数为 5（即存款准备金率的倒数）。

货币创造过程的本质就是商业银行利用存款发放贷款。其中，存款是商业银行的外部资金来源，属于商业银行的债务；贷款是商业银行的利润来源，属于商业银行的债权。货币创造必须经过整个银行体系中的中央银行及多家商业银行的多次派生存贷款，而此过程也就是商业银行的生产经营过程。综上，可以说银行体系在上述过程中创造了流动性，创造了货币，创造了信用。

货币政策目标的“不可能三角”

影响货币运行的货币政策具体是指中央银行为实现既定经济目标而运用各种工具调节和控制货币供给量和利率，进而影响宏观经济的各种措施。《中国人民银行法》第 3 条规定：“我国的货币政策目标是保持货币币值的稳定，并以此促进经济增长。”货币币值稳定是指一般物价水平在短期内不发生显著的或急剧的波动而呈基本稳定状态。而经济增长是指经济保持增长速度与经济结构优化，一般用国民生产总值增长率或人均国民生产总值增长率来衡量。

政府的发钞权体现了一国最根本性的货币政策。而货币政策目标的取舍却存在着一个“不可能三角”（也被称为“三元悖论”），即一国或一个独立的经济体不可能同时达到“资本完全流动（A）、汇率稳定（B）和货币政策独立（C）”三个目标。例如，英国、美国享受了资本完全流动（A）和货币政策独立（C），所以其汇率是波动的。中国香港、阿根廷享有资本完全流动（A）和汇率稳定（B），则当地政府就必须放弃发钞的权力。而中国多年来一直实行的是单一盯住美元的固定汇率制度，之后逐步实行较灵活的“有管理的浮动汇率”制，并引入一篮子货币汇率制度且允许人民币升值。中国货币政策的“不可能三角”状况是：对汇率进行行政控制，享受了汇率稳定（B）和货币政策独立（C），而资本不可完全流动。

中国的货币政策在维持人民币本币币值稳定的目标之外，还要顾及人民币对美元的汇率稳定。在目前的“结售汇”体制之下，中国长期的外贸顺差使外汇储备与外汇占款不断扩大。因此在稳定人民币汇率政策的约束之下，中国中央银行只能投放基础货币大量买入外汇。这样，中国在成为全球第一大外汇储备国的同时，把人民币基础货币注入各商业银行，经过商业银行的信用货币创造，形成了巨大的流动性。

货币与产业的关系

货币与产业之间究竟是什么关系？周其仁教授认为是“水和面”的关系，“水是货币，而面是装下这些水的产业”。周其仁教授讲道：“树木在山上生长无须货币，砍下来的如果自给自用，也不需要货币。但是，把砍下来的木头运到市场上去卖，就与货币结下了不解之缘。倘若每年砍伐的商品树木构成一个流量，源源不断地砍了卖、卖了砍，那就需要一个增加的货币量为之提供流通的服务。这就是说，自然之物一旦被需求吸到市场上，货币数量就要增加了。”[①] 上面提到的是一个简单的例子，究其本质可以理解为经济的商品化和货币化过程。

除了“水和面”，货币与产业之间还是“鸡与蛋”的关系。究竟是产业吸收了货币，还是产业发展创造了新的货币，其实并不容易区

① 周其仁：“水多了加面”，《货币的教训：汇率与货币系列评论》，北京大学出版社2012年版。

分。产业吸收货币较好理解。产业发展创造货币的原理可以通过下面这个例子来理解：一家公司生产出一种商品，用于生产此种商品的各种生产要素就有可预期的未来货币需求，譬如生产工人的工资、租用厂房的房租、购买原材料的资金等。正是土地、劳动力、企业家精神等各种生产要素的不断组合，才使得一个经济体、一个行业、一家公司能够生产出各种产品与服务。这些商品与服务之后再流转进入市场成为可供出售的商品和服务，这个过程产生了对货币的巨大需求。在此意义上，是产业的需求引致了货币的需求。总之，在本书中，我们不寻求货币与产业谁先谁后，只是明确货币与产业必定一一对应。

“高富帅”行业的生产要素与企业家精神

现代西方经济学认为生产要素包括劳动力、土地、资本和企业家精神。随着科技发展和知识产权制度的建立，技术、信息也作为相对独立的要素投入生产。这些生产要素进行市场交换，形成各种各样的生产要素价格及其体系。

以一家房地产企业为例，要盖一座写字楼，就需要从政府手中拍下建设用地（土地）、筹集地价款和建设资金（资本）、安排设计与施工等开发人员（劳动力），最后才能建成写字楼。可能有人会问："那么企业家精神是什么东西？"大楼盖成了，占了地，花了钱，费了人工，那么房地产公司的管理者在其中发挥了什么作用？其中是否需要企业家精神呢？

从安·兰德开始，美国社会建构起一套有关企业家的英雄叙事，这套思想的源头来自熊彼得：企业家精神的创造性破坏才是创新的来源，而创新才是经济发展的根本动力。正是这种英雄叙事和道德勇气，才使得美国的企业家们勇于承担社会责任，积极投身到各种公益事业中去，并赢得社会尊重。

王石在《什么是企业家精神？》一文中谈道："人的天性保守：当人们已经熟悉了某种程序或方法，而这种程序和方法已经被历史证明是有效的，鼓励人们采用新的、未经实践证明的方式就会受到心理上的抵制。这个社会总是有一些传统、规范和模式，而认识到这些模式的问题，重新组织要素，并成功为社会创造价值，这就是企业家精神。"

企业家精神存在吗？企业家精神在一个企业的经营壮大中起到什么作用？企业家精神价值几何？王石一年挣多少？读者还记得我前面提到的关于行业职工薪酬平均排名的新闻报道吗？随着 2014 年 1934 家上市公司披露了年报，上市公司高管 2013 年的薪酬水平也得以曝光。其中，王石董事长年薪高达 1590 万元。地产业仍是高管高薪的摇篮，在最新的上市公司高管薪酬前十名中，地产业占据半壁江山，而余下的公司中又有一半来自金融行业。

中国货币供应量

问题的起始是货币，假如货币是水，那么如何衡量一个国家“水量”的大小？“水”的源头又在哪里？

根据经济发展形势及国际通行的货币统计原则，中国人民银行于1994年10月正式向社会公布货币供应量指标，包括M0、M1、M2三个层次。这一多层指标体系曾经历两次修订：第一次修订时将证券公司客户保证金纳入了M2的计量；第二次修订时将外资、合资金融机构的人民币存款纳入对应的货币层次，并对退出市场的金融机构相关数据予以剔除。目前中国人民银行发布的货币层次划分为：

M0：流通中的现金，即印钞厂印出来的钞票，也被称为高能货币

M1：M0＋企业单位活期存款＋机关团体部队存款＋农村存款

上述M0加上可随时支取的银行活期储蓄，在应用层面与现金区别不大。

M2：M1＋企业单位定期存款＋自筹基本建设存款＋个人储蓄存

款 + 其他存款

其中，M1 被称为狭义货币供应量，M2 被称为广义货币供应量，M1 与 M2 之差则是准货币。

根据中央银行统计数据，2013 年年底，中国广义货币（M2）余额达到 110.65 万亿元，同比增长 13.6%；狭义货币（M1）余额 33.73 万亿元，同比增长 9.3%；流通中货币（M0）余额 5.86 万亿元，同比增长 7.1%。2014 年 7 月，中央银行公布 2014 年上半年金融统计数据报告，其中，M2 余额 120.96 万亿元，同比增长 14.7%。表 4–1 统计了 1994 年至 2013 年中国各个层次的货币供应量。

表 4–1　1994—2013 年中国货币供应统计表（单位：亿元）

年份	M2	M1	M0
1994	46 923.5	20 540.7	7 288.6
1995	60 750.5	23 987.1	7 885.3
1996	76 094.9	28 514.8	8 802.0
1997	90 995.3	34 826.3	10 177.6
1998	104 498.5	38 953.7	11 204.2
1999	119 897.9	45 837.3	13 455.5
2000	134 610.3	53 147.2	14 652.7
2001	158 301.9	59 871.6	15 688.8
2002	185 007.0	70 881.8	17 278.0

（续表）

年份	M2	M1	M0
2003	221 222.8	84 118.6	19 745.9
2004	254 107.0	95 969.7	21 468.3
2005	298 755.7	107 278.8	24 031.7
2006	345 603.6	126 035.1	27 072.6
2007	403 442.2	152 560.1	30 375.2
2008	475 166.6	166 217.1	34 219.0
2009	606 225.0	220 001.5	38 246.0
2010	725 851.8	266 621.5	44 628.2
2011	851 590.9	289 847.7	50 748.5
2012	974 159.5	308 673.0	54 659.8
2013	1 106 500.0	337 300.0	58 600.0

中国社会融资总规模

长期以来，中国在货币发行方面主要监测、分析、调控的核心指标是前面提及的 M2，以及新增人民币贷款等。2010 年，中央经济工作会议提出要“保持合理的社会融资规模”。2011 年 4 月，中国人民银行发布社会融资总量这一指标。目前，该指标已成为货币政策的重要中间目标之一。社会融资规模是全面反映金融与经济之间关系以及金融对实体经济资金支持的总量指标，这正契合本章货币运行与产业布局之间关系这一主题。

社会融资规模指一定时期内（每月、每季或每年）实体经济（即非金融企业和个人）从金融体系获得的资金总额。这里的金融体系是整体金融的概念，在机构层面包括银行、证券、保险、信托等金融机构，在市场层面包括信贷市场、债券市场、股票市场、保险市场以及中间业务市场等。

社会融资主要由三个部分构成：一是金融机构通过资金运用对实体经济提供的全部资金支持，主要包括人民币贷款、外币贷款、信托贷款、委托贷款、金融机构持有的企业债券及非金融企业股票、保险公司的赔偿和投资性房地产等。二是实体经济利用规范的金融工具在正规金融市场通过金融机构信用或服务所获得的直接融资，主要包括未贴现的银行承兑汇票、非金融企业境内股票筹资及企业债券的净发行等。三是其他融资，主要包括小额贷款公司贷款、贷款公司贷款等。[①] 具体为：

① 根据中国人民银行调查统计司：《社会融资规模构成指标说明》进行整理，http://www.pbc.gov.cn/publish/diaochatongjisi/3172/index_2.html。

社会融资规模＝人民币贷款＋外币贷款（折合人民币）＋委托贷款＋信托贷款＋未贴现的银行承兑汇票＋企业债券＋非金融企业境内股票融资＋保险公司赔偿＋投资性房地产＋其他

根据中国人民银行等部门统计，2013年全年我国社会融资规模为17.29万亿元，比上年多1.53万亿元。其中，人民币贷款增加8.89万亿元，同比多增6 879亿元；外币贷款折合人民币增加5 848亿元，同比少增3 315亿元；委托贷款增加2.55万亿元，同比多增1.26万亿元；信托贷款增加1.84万亿元，同比多增5 603亿元；未贴现的银行承兑汇票增加7 751亿元，同比少2 748亿元；企业债券净融资1.80万亿元，同比少4 530亿元；非金融企业境内股票融资2 219亿元，同比少289亿元。[①]

相比M2指标，社会融资总量主要反映社会金融活跃程度以及金融支持社会经济发展的力度。货币总量是指在某一时点某一经济体全社会持有的货币总量或货币购买力的总规模。基于此，社会融资规模包含两层含义：其一是连续意义，即每一段时间内的社会融资的总额；其二是瞬间意义，即在某一具体时点的社会融资的余额。

---

① 社会融资规模统计数据来源于中国人民银行、发改委、证监会、保监会、中央国债登记结算有限责任公司和银行间市场交易商协会等部门。

讨论社会融资总量时，间接融资的余额变化会影响货币总量变化。直接融资指融出、融入双方直接转让资金所有权和支配权，当这一过程发生时，融出方失去货币购买力，融入方获得货币购买力，社会货币总量不变。而间接融资则是资金提供方和资金需求方通过金融中介机构，以增加中介机构资产负债的方式进行融资，此时资金提供方增加了对中介机构的债权，却没有减少购买力，当中介机构再将资金融出给需求方时，就相当于投放了新货币。

中国货币的三大来源

货币供应量与社会融资总量这两个指标既有区别又有联系，前者是从金融机构的负债方进行统计的，后者是从资产方进行统计的。根据资产负债平衡的原理，两者应无根本差异，乃是“一枚硬币的两面”。而现实中两者的差异主要体现在统计范围不同，社会融资总量的统计范围要大于货币供应量。社会融资总量不仅包括存款类金融机构的金融资产（如贷款），同时也包括证券、保险等非银行金融性机构的金融资产，而货币供应量目前只包括存款类金融机构的金融资产。

中央银行发行的基础货币是货币供应的源泉，而国内贷款、外汇占款、中央银行负债是中国货币的三大主要来源。[①] 首先是货币投放的主力——国内贷款。企业和个人的货币存在银行，银行获得存款之后再放贷给个人或企业。根据前文所述的“货币创造”过程，这些贷款在货币创造乘数效应下成倍放大，形成巨大的货币投放。譬如，2013 年人民币新增贷款规模为 8.89 万亿元，占到新增 M2 的 67%。其次是外汇占款，主要是流入我国境内的外汇资金通过结汇后形成中央银行的外汇占款。中国在贸易顺差巨大的情况下，各行业出口创汇后将外汇兑换为人民币，中央银行只能投放基础货币大量买入外汇。譬如，2013 年新增外汇占款约 2.78 万亿元，占到新增 M2 的 21%。[②] 最后是中央银行负债，即中国人民银行主动投放基础货币、逆回购操作等。发行基础货币是中央银行独有的权力，“逆回购”则是中央银行向市场释放流动性。中央银行负债是货币的第三大来源，但相比前两者，其规模较小。

中国正处于经济快速增长的发展阶段，货币发行速度亦一直处于高速。那么，中国货币的增长速度大大快于经济增长能否称得上

---

① 除此三大来源以外，商业银行表外业务、住房公积金等也形成了一定的货币供应。

② 外汇占款本质就是企业和个人结算给商业银行的外汇被中央银行用基础货币买入，在成为国家外汇储备的同时创造了巨大的流动性。

货币超发？货币超发究竟是好是坏？为什么发行较多的货币是一把“双刃剑”？

货币增长快于经济增长不一定就是货币超发

中国的货币供应一直处于高位，通过 M2 数据可见一斑。截至 2014 年 6 月底，中央银行公布 2014 年上半年金融统计数据报告显示，中国 M2 余额高达 120.96 万亿元人民币，高居世界第一位，约占全球货币总量的 25%。[①]2002—2013 年的 12 年间，中国 M2 以平均 17.8% 的年增长率快速增加，而这 12 年里中国的经济增长远远达不到这一速度。

尤其是在 2008 年的“4 万亿”刺激之下，2009 年中国 M2 的增速更是高达 29.4%。同样，2002—2013 年中国社会融资规模也一直呈现快速增长的局面。12 年来，中国的经济同样在增长，GDP 由 12 万亿元增长到了 56.9 万亿元，绝对数增加了 44.9 万亿元。但社会融资规模增长更快，从 0.2 万亿元增加到了 17.3 万亿

① 中国的货币量大约是美国的 1.5 倍、英国的 5 倍、日本的 1.7 倍。

元。无论是 M2 指标还是社会融资规模指标，都表明三个事实：第一，中国经济发行货币的速度较快；第二，经济体系中的货币量已不少；第三，货币增长的速度已经明显快于国民经济增长的速度。正如表 4-2 所示。

表 4-2　2002—2013 年中国社会融资规模与 GDP 数据统计（单位：亿元）

年份	社会融资规模	GDP
2002	20 112.00	120 332.69
2003	34 113.00	135 822.76
2004	28 629.00	159 878.34
2005	30 008.00	184 937.40
2006	42 696.00	216 314.40
2007	59 663.00	265 810.30
2008	69 802.00	314 045.40
2009	139 104.00	340 902.81
2010	140 191.00	401 512.80
2011	128 286.00	473 104.00
2012	157 631.00	519 470.10
2013	172 904.00	568 845.20

根据货币学的基本原理，当一个经济体的经济产生 1 个单位价值的增长时，其货币发行机构应该同比例增加 1 个单位的货币，假如货币供应超过 1 个单位，则应被视为货币超发。但在经济实践中，很多新兴经济体在推进商品化和市场化时，其货币供应量

往往高于经济增长。中国就是最好的例子。中国 2002 年的 M2 为 18.5 万亿元，2013 年为 110.65 万亿元，增加了 6 倍；而中国 2002 年的 GDP 规模为 12.03 万亿元，到 2013 年为 56.88 万亿元，只增加了 4.7 倍。

国际上流行用 M2 与 GDP 的比值来衡量一国的货币化程度。对比中美数据可发现：截至 2013 年年底，中国的 M2（约 110 万亿元）与 GDP（约 56 万亿元）之比大约为 1.96；而美国同期的数据是 M2（65 万亿元）与 GDP（100 万亿元）之比为 0.65。中国的该项数据基本是美国的 3 倍。通俗地讲，中国 1 元钱的货币撬动了 0.5 元的经济增长；而美国 1 元钱的货币则可以产生 1.5 元的 GDP。原因何在？首先，经济货币化是一种解释。一个国家经济体系的货币化进程会产生对货币的额外需求，除了满足经济增长一一对应的货币需求外，还需要为新的货币化部门、行业等提供额外的货币支持。相对来说，美国等发达经济体的货币化进程较长，金融深化程度处于较高水平，因此经济体系对货币的需求较小。其次，M2 是一个累积的概念，而 GDP 是一个产出概念，M2 与 GDP 的比值仅说明货币对当年 GDP 的贡献度。因此，该指标在一定程度上反映了各经济体经济活动的活跃度，而与货币总量多少以及货币量的评价关系并不是特别紧密。

超发货币可能引起的通货膨胀问题

正如前面所述，货币必然实现其购买力，因此货币量与经济体系中商品的价格水平之间在理论上存在一种正比例关系。依据传统货币理论，假设一个经济体的货币流通速度保持稳定，那么该经济体的经济增长率加上物价上涨率应等于其货币供应增长率。当货币供应不足时，经济体系的流通不足，这对生产和交易都是巨大的打击。而当货币超发时，过量的货币追求有限的商品与服务，那么价格上涨往往不可避免。

最著名的“货币主义者”弗里德曼始终强调“货币超发必然带来通胀”。而货币主义的根本性政策建议也是加强防范政府因财政压力超发货币，因为超发货币带来的通胀会“变本加厉”地危害一个经济体的经济增长甚至人民生活。那么，如何才能算是适度的货币供给呢？弗里德曼的建议是制定一个准则：货币供应量始终略高于经济增长率。

中国货币发行较快，但是物价上涨速度却并不夸张，也没有造成恶性通货膨胀。其中一个根本原因就是超额货币没有平均地追逐经济体系中的商品与货币（消费），而是被一些“容量巨大”的行业所消耗（一一对应）。相对于美国等发达国家，中国的股票和债券市场的发展比较滞后，规模也较小，货币主要集中于银行体系。譬如，美国股票与债券的市值高达 60 万亿美元，5 倍于美国银行体系的资产；而中国银行体系的资产高达 80 万亿元，股票与债券的市值仅为其 1/4。中国的货币供应量较大却未引起显著通胀的另一大原因在于 CPI 的构成结构。目前，CPI 的构成主要是与百姓衣、食等日常消费密切相关的项目，与住房、医疗等项目相关性不大。当后者中的一些项目的价格呈现较快增长时，会相应地压低前者某些项目的开支，最终表现为 CPI 增长幅度不大。

超发货币、经济增长与充分就业

各经济体的政府在大多数时候倾向于采取扩张式的货币政策，表现为扩大货币投放。一个显著原因是，货币投放的扩大会推动一国货币贬值，在保持适度通货膨胀时，更有利于刺激投资和消费。而且，货币供应多可以造成社会以货币标示的财富总量增长。当经济发展缺乏动力，人民生活水平不高，社会就业出现困难，或者出现经济危机时，实施积极的、扩张性的货币政策已成为各国重要的政策工具之一。

货币超发的好处与坏处分别在于就业与物价，菲利普斯曲线显示，失业率与物价上涨率之间存在一种此消彼长的关系。按照此种理论，为实现充分就业就需要忍受物价水平的上涨，若希望物价维持稳定，那么失业率就可能有所提高。但实证发现，在经济增长的时期物价水平通常会持续上升，而反之却不一定成立。菲利普斯曲线（短期）也指向这一点，物价适度上涨将刺激投资，投资促进经济增长。

中国人民银行调查司前司长盛松成曾表示："货币超发的说法是以西方标准来做衡量，但两国国情、统计口径均不一样。货币供应量是个抽象概念，应该主要看物价、GDP、就业三个数据，货币供应量是在这三者之间寻找平衡，如果经济发展相对稳健，物价相对稳定，就不能断言货币超发。"

判断一个经济体的货币发行总量是否合适，除了与 GDP 指标对比之外，还可以与一国总资产的指标进行对比。货币之所以出现就是为了衡量商品价值，因此货币的总量应与一个经济体的总资产基本对应。中国的土地、房屋、国有企业等资产应该都在百万亿元的规模，而目前人民币 M2 为 120 万亿元。上述资产的总价值远远大于目前的货币量，其根本原因应在于大部分资产是非交易资产。但中国的市场化程度在逐步加深，房地产商品化、国有资产民营化等进程也在加速推进，如果经济体系中的货币量不足，那么将严重损害市场化进程。综上所述，与中国社会的总资产相比，人民币并不算超发，市场化的加速、经济保持稳步发展以及保证充分就业都需要人民币的发放适度快于经济增速。

附录 3

津巴布韦的恶性通胀

1980 年 4 月，津巴布韦宣布独立。自 2000 年 6 月起，因为土地改革问题津巴布韦和西方国家（尤其是英国）关系急剧恶化，西方国家随后开始制裁津巴布韦。制裁让津巴布韦原来就脆弱不堪的经济雪上加霜。为了维持财政开支，津巴布韦政府能想到的最简单的办法就是印钱。大量货币涌入市场，引发剧烈的通货膨胀。2009 年，津巴布韦储备银行发行面值为 100 万亿的津元纸币，创下人类历史上最高货币面值纪录。不过，流通一段时间后，100 万亿津元就连买一块面包都不够了。

恶性通货膨胀是一种不能控制的通货膨胀，在物价急速上涨的情况下，货币很快失去价值。恶性通货膨胀没有一个普遍公认的界定标准，一般认为通货膨胀率在 100% 以上时为超级通货膨胀，当通货膨胀率达到 1000% 以上时就是恶性通货膨胀。多数经济学家认同的恶性通货膨胀定义为："一个没有任何平衡趋势的通货膨胀循环。”

国际会计标准指出，恶性通货膨胀具有四项特征：第一，公众不愿持有现金，宁可把金钱投放在外国货币或非货币资产上；第二，公众利用外国货币结算自己本国货币的资产；第三，信贷是按借款期内的消费力损耗计算，即使该时期并不长久；第四，利率、工资、物价与物价指数挂钩，而3年累积通胀率在100%以上。

所有恶性通货膨胀的共同特征是货币供给的大量增加，这是因为政府需要为其巨额预算赤字融资。随着货币供给的大量增加，通货膨胀会迅速发展。高通货膨胀引起税收实际价值的迅速下跌，这反过来又增加了赤字。

在恶性通货膨胀的经济中，经常是一种新货币被引入以取代旧货币，税制也会相应改革。制止恶性通货膨胀需要一系列特别的政策组合，涉及汇率、公共预算、货币供给以及某些情况下对工资和物价的直接措施。

第五章
房地产投资与政府负债

政府举债的风险体现在债权人往往高估政府的偿还能力，政府往往对利率等成本不敏感，政府为偿还债务经常“借新还旧”，政府可能把偿债压力转嫁到纳税人头上等。

地产业的规模究竟有多大

货币都流向哪里了？生活中，每一样商品或服务都容纳了一定的货币量。小到一瓶矿泉水，大到一个行业，都对应着一定的货币量。中国过量的货币主要流向了哪些行业？地产业和政府平台因体量巨大而成为目前最重要的两大货币“容器”。

地产业的规模究竟有多大？我们以 2013 年的数据为例，据国家统计局等单位统计，2013 年全国房地产开发投资 8.6 万亿元，其中住宅投资 5.9 万亿元，而商品房销售额则达到 8.14 万亿元。2013 年全国的 GDP 是 56.8 万亿元，房地产开发投资占 GDP 的 15%，住宅投资占 GDP 的 10%，商品房销售额占 GDP 的 14%。如果按照行业规模划分，那么地产业应该算是中国第一大行业。

下面再具体分析地产业的货币需求，首先从房地产开发企业的资金角度分析。2013 年，房地产开发企业到位资金 122 122 亿元，比上年增长 26.5%，比 2012 年提高 13.8 个百分点。其中，国内贷款 19 673 亿元，增长 33.1%；利用外资 534 亿元，增长 32.8%；自筹资金 47 425 亿元，增长 21.3%；其他资金 54 491 亿元，增长 28.9%。在其他资金中，定金及预收款 34 499 亿元，增长 29.9%；个人按揭贷款 14 033 亿元，增长 33.3%。

我们首先将 2002—2013 年房地产开发完成投资额与当年的 GDP 及社会融资规模进行简单对比，数据统计见表 5–1。可以发现两个事实：第一，房地产投资的额度与 GDP 和社会融资规模相比都不小；第二，房地产投资的增速明显快于 GDP 及社会融资规模。

表 5–1　2002—2013 年房地产开发投资额与当年的 GDP 及社会融资规模对比（单位：亿元）

年份	本年房地产完成投资额	GDP	房地产投资额 /GDP	社会融资规模	房地产投资额 / 社会融资规模
2002	7 790.92	120 332.69	6.47%	20 112.00	38.74%
2003	10 153.80	135 822.76	7.48%	34 113.00	29.77%
2004	13 158.25	159 878.34	8.23%	28 629.00	45.96%
2005	15 909.24	184 937.40	8.60%	30 008.00	53.02%
2006	19 422.91	216 314.40	8.98%	42 696.00	45.49%
2007	25 288.83	265 810.30	9.51%	59 663.00	42.39%
2008	31 203.19	314 045.40	9.94%	69 802.00	44.70%
2009	36 241.80	340 902.81	10.63%	139 104.00	26.05%
2010	48 259.40	401 512.80	12.02%	140 191.00	34.42%

（续表）

年份	本年房地产完成投资额	GDP	房地产投资额 /GDP	社会融资规模	房地产投资额 / 社会融资规模
2011	61 796.88	473 104.00	13.06%	128 286.00	48.17%
2012	71 803.78	519 470.10	13.82%	157 631.00	45.55%
2013	86 013.38	568 845.20	15.12%	172 904.00	49.75%

房地产吸纳了多少货币（或者地产业创造了多少货币）

2013 年全年社会融资总量 17.29 万亿元，其中究竟有多少属于地产业？房地产开发企业自有资金往往占 1/3，即地产业的资金杠杆率通常在 2 倍左右。那么，根据 2013 年房地产开发投资 8.6 万亿元计算，整个地产业需要的借贷货币达到 5.73 万亿元。5.73 万亿元正好占到 2013 年全年社会融资规模的 33%。

根据中国人民银行发布的数据，截至 2013 年年底，中资银行人民币各项贷款余额 57.8 万亿元，其中房地产贷款余额 14.6 万亿元，占存量贷款的25%；2013 年新增贷款 8.9 万亿元，新增房地产贷款 2.3

万亿元，占同期各项贷款增量的26%；2013年新增M2为13.2万亿元，新增房地产贷款规模占新增M2的18%。以上计算只是最低的保守估计，原因有三：第一，上述计算只根据各贷款机构的房地产贷款种类进行统计，在实践操作中还有很多贷款通过包装成其他行业、其他项目的方式进入地产业。第二，地产业具有巨大的前向、后向、侧向关联性，带动钢材、水泥、建材、家电、建筑等行业的贷款数额也很大。第三，还有保障房等相关货币需求未统计。总之，地产业吸纳的M2货币量保守估计应在20%—30%。

政府平台与政府举债

自计划经济到今天的市场经济，中国各级政府一直担负着推动经济发展的责任，并在中国经济的快速增长中发挥了重要作用。而且，各级政府出于“理性”也始终在通过各种途径扩大自身可支配的资源。中国处于城镇化深化阶段，各级政府在基础设施方面的投资力度也很大。以上种种政府行为决定了政府在财政之外将会产生巨大的融资需求。

政府性债务是多年累积形成的，“唯GDP”的政绩观、分税制改革等是其产生的主因。政府性债务最早可追溯到1979年，当时有8个县区举借了政府负有偿还责任的债务。此后，各地开始陆续举债。至1996年年底，全国所有省级政府、90.05%的市级政府和86.54%的县级政府都举借了债务。至2010年年底，除54个县区没有政府性债务外，全国其他地方政府均有政府性债务。

政府举债的财务基础是其未来收入，包括税收、土地费用、国有资产权益等。未来偿债就是把原本归政府的收入用来还债。政府举债的风险体现在债权人往往高估政府的偿还能力，政府往往对利率等成本不敏感，政府为偿还债务经常“借新还旧”，政府可能把偿债压力转嫁到纳税人头上等。

政府性债务吸纳了多少货币

针对政府性债务的规模，国家审计署于2010年、2012年和2013年进行了三次政府性债务审计。2010年的全国政府性债务审计针对全国市县级以上地方政府主体；2012年的全国政府性债务审计范围针对15个省、3个直辖市本级及其所属的15个省会城市本级、3个市辖区，共计36个本级地方政府；2013年的全国政府性债务审计对全国 31 个省和 5 个计划单列市、391 个市、2 778 个县、33 091 个乡进行了审计。审计原则方面，三次审计均坚持了“见人、见账、见物、逐笔、逐项审核”。审计口径方面，三次审计均按照政府负有偿还责任的债务（直接债务）、政府负有担保责任的债务和政府可能承担一定救助责任的债务（或有债务）的口径来对政府性债务进行分类。地方政府融资方式多样，三次审计涉及的种类有所差别，2013 年的审计最全面（如表 5–2 所示）。[①]

表 5–2　2010 年与 2013 年 6 月底地方政府举债主体总债务规模对比

举债主体类型	2010 年		2013 年 6 月底		
	债务余额（亿元）	占比（%）	债务余额（亿元）	占比（%）	增速（%）
融资平台公司	49 710.68	46.38	69 704.42	38.96	40.22
政府部门和机构	24 975.59	23.30	40 597.58	22.69	62.55
经费补助事业单位	17 190.25	16.04	23 950.68	13.39	39.33
公用事业单位	2 498.28	2.33	3 280.52	1.83	31.31
其他单位	12 800.11	11.94	41 375.46	23.13	223.24
其中：自收自支事业单位	—	—	6 025.46	3.37	—

① 关于政府性债务审计主要参照审计署相关公告（审计署 2011 年第 35 号公告，2013 年第 24 号和第 32 号公告）以及《中债资信：审计署地方债务审计结果解读》。

（续表）

举债主体类型	2010 年		2013 年 6 月底		
	债务余额（亿元）	占比（%）	债务余额（亿元）	占比（%）	增速（%）
国有独资或控股企业	—	—	31 355.94	17.53	—
其他单位债务	12 800.11	11.94	3 994.06	2.23	-68.80
合计	107 174.91	100.00	178 908.66	100.00	66.93

2013 年审计涉及的政府举债主体主要包括“62 215 个政府部门和机构、7 170 个融资平台公司、68 621 个经费补助事业单位、2 235 个公用事业单位和 14 219 个其他单位”。地方政府债举债主体以融资平台公司为主，此外政府部门和机构、经费补助事业单位也占不小比例，公用事业单位、自收自支事业单位等债务的占比较小。截至 2013 年 6 月底，融资平台公司、政府部门和机构、经费补助事业单位、公用事业单位和其他单位举债较 2010 年均有大幅增长。整体上看，地方债务仍主要来自政府融资平台公司债务。融资方式方面，银行贷款仍是地方政府的主要融资方式，但债券、BT 和信托等其他融资方式发展快速。其中，BT 即建设—转让（Build-Transfer），是政府利用非政府资金来进行基础非经营性设施建设项目的一种融资模式。项目工程由投资人负责投融资，具体落实项目投资、建设、管理。工程项目建成后，经政府组织

竣工验收合格后，资产交付政府，政府根据回购协议向投资人分期支付资金或者以土地抵资，投资人确保在质保期内的工程质量。

截至 2012 年年底，全国政府性债务的负债率为 53.51%，已接近 60% 的国际警戒线。① 截至 2013 年 6 月底，全国政府性债务总额为 30.27 万亿元，较 2010 年年末和 2012 年年末分别增长 73.27% 和 9.02%；中央政府性债务为 12.38 万亿元，较 2010 年年末增长 83.30%，较 2012 年年末增长 4.19%；地方债务 17.89 万亿元，较 2010 年年末增长 66.93%，较 2012 年年末增长 12.62%。根据 2010 年至 2013 年 6 月底的数据，中国政府性债务增速较快，其中地方债务增长幅度更大。根据三次审计结果可知，2010 年年底地方债务规模为 10.71 万亿元，2012 年年底为 15.88 万亿元，2013 年 6 月底为 17.89 万亿元。2013 年 6 月底，地方政府债务的 17.89 万亿元中银行贷款为 10.2 万亿元，占到了银行贷款余额总规模的 14%。2010 年中国 M2 为 72.58 万亿元，2012 年 M2 为 97.41 万亿元，相比增长 24.83 万亿元。其间地方债增长 5.17 万亿元，占比 21%。2011 年中国社会融资规模为 12.83 万亿元，2012 年社会融资规模为 15.76 万亿元，两年累计 28.59 万亿元，同期地方债务占比为 18.5%。

---

① 全国政府性债务的负债率 = 全国政府性债务余额 /GDP。

从以上数据可以清晰地看到，地产业和政府负债这两个行业是社会融资的主力，估计吸纳货币量分别为30%和20%。

货币通过金融业进入地产业和政府平台

中央银行发放基础货币，商业银行等金融机构通过借贷创造信用货币，而这个过程的完成也是货币进入行业的过程。

中央银行是“银行的银行”，它只通过“借贷”与商业银行等金融机构打交道，充当商业银行的“最后借贷人”。当中央银行的货币政策为上调法定准备金率时，就相当于中央银行向商业银行借贷。最近10年，中国中央银行每天都大量向各商业银行购入外汇，相当于投放大量基础货币，也就是中央银行负债。商业银行得到基础货币之后，发放贷款给企业和个人。但是，在上述的房地产投资和政府性债务中，商业银行贷款只是其获得资金的途径之一。

房地产投资方面，根据2013年全年数据显示，开发企业申请开发贷款0.64万亿元，与我们前文所述的地产业全年融资需求5.7万亿元差距甚大。房地产企业在二级市场的股权融资以及发债融资也不畅通。巨大的货币需求如何来满足？

政府性负债方面，根据国家审计署的审计结果，在2010年年末及2013年年中，地方债务中银行贷款的比例分别为79.01%和56.56%，地方发债也仅为7.06%和10.32%（见表5-3）。那么，其余的货币是通过什么途径进入各个地方债务主体中的?

表5-3　2010年与2013年6月底地方政府举债来源对比

债权人类别	2010年		2013年6月底	
	债务余额（亿元）	占比（%）	债务余额（亿元）	占比（%）
银行贷款	84 679.99	79.01	101 187.39	56.56
BT	—	—	14 763.51	8.25
发行债券	7 567.31	7.06	18 456.91	10.32
其中：地方政府债券	—	—	6 636.02	3.71
企业债券	—	—	8 827.37	4.93
中期票据	—	—	1 940.14	1.08
短期融资券	—	—	355.30	0.20
应付未付款项	—	—	8 574.77	4.79
信托融资	—	—	14 252.33	7.97
其他单位和个人借款	10 449.68	9.75	8 391.59	4.69
垫资施工、延期付款	—	—	3 758.59	2.10
证券、保险业和其他金融机构融资	—	—	0.00	0.00
国债、外债等财政转贷	—	—	3 366.13	1.88

（续表）

融资租赁	4 477.93	4.18	3 033.73	1.70
集资	—	—	2 318.94	1.30
合计	107 174.91	100.00	178 908.66	100.00

数据来源：根据审计署 2011 年第 35 号公告，2013 年第 24 号和第 32 号公告，以及《中债资信：审计署地方债务审计结果解读》的数据整理。

当然还是通过金融系统。如前所述，货币运行也是其购买力的实现，其中既有商业银行的信用货币创造，也有非银行金融机构的货币创造。2012 年和 2013 年，中国产生了“股债双熊”的局面，即股市和债市均处于低迷状态。通过表 5–4 对 2012 年和 2013 年的数据进行对比可以发现，货币通过金融市场进入产业的几条“通道”的表现差距很大。贷款是主要通道，2013 年新增贷款 12.54 万亿元，增长 13.6%，充分体现了银行在货币运行和金融市场中的核心地位。股市总市值仅增长 3.7%[①]，证券公司的“日子明显不太好过”。债券市场下跌 2.8%，保险市场维持正常的增长，唯独信托市场的增长幅度高达 45.9%。这也是中国近 10 年的非银行金融机构的信托业务、银行的表外业务等非标资产业务的写照，也正是货币与地产业和政府平台结合的另一个重要途径。

① 其中主板市场从 2012 年年底的 2 269.13 点下跌到 2 115.98 点，下跌了 6.75%；总市值的增长靠的是创业板增长 72.75% 和中小板增长 29%。

表 5-4 “股债双熊”局面下信托一枝独秀

	2012 年（万亿元）	2013 年（万亿元）	绝对增长值（万亿元）	增长比例（%）
人民币存款总额	91.76	104.3	12.54	13.7
中资银行贷款余额	50.95	57.83	6.88	13.5
股市总市值	22.91	23.76	0.85	3.7
债券市场发行量	5.81	5.65	−0.16	−2.8
保险业资产总额	7.35	8.23	0.88	12
信托总规模	7.47	10.9	3.43	45.9

非银金融业的非标资产

非标准化债权资产（简称非标资产）是指未在银行间市场及证券交易所市场交易的债权性资产，包括但不限于信贷资产、信托贷款、委托债权、承兑汇票、信用证、应收账款、各类受（收）益权、带回购条款的股权性融资等。近 10 年来，银行为了规避信贷规模管制、降低资本消耗，即“银行出表”，逐步大量购进非标资产。尤其是银行同业业务、信托公司单一信托等的急剧扩张，使得中国金融市场非标资产迅速膨胀。而这些非标资产的本质依然是给企业的变相贷款，只不过通过引入各种“通道”之后，这类资产体现在了“同业买入返售资产、应收款项类投资或可供出售金融资产”等科目之下。总之，银行从同业拆借市场、理财市场等获得大量短期资金，通过期限错配、借助信托等通道发放给了地产业、政府平台等。

下面以信托公司的单一通道项目和集合资金信托计划为例阐述非银行金融业的货币运行过程，基本运行流程如图 5–1 所示。

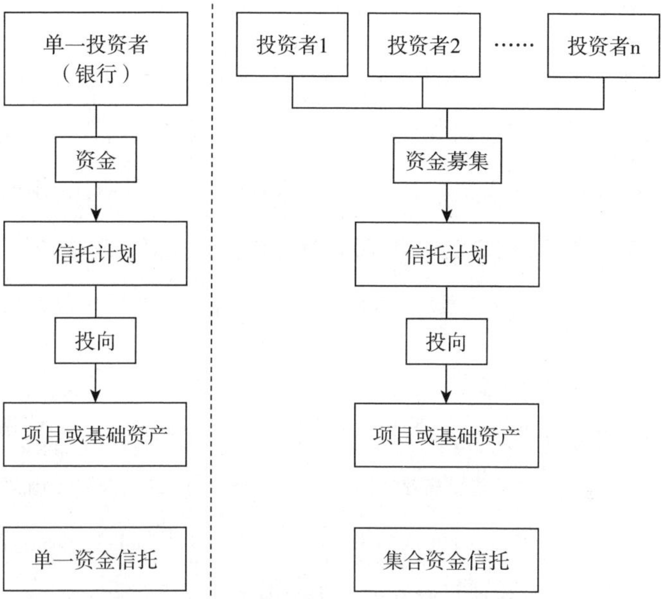

图 5–1　单一资金信托与集合资金信托对比

首先来看单一资金信托。银行通过发行理财产品将储户的储蓄资金从表内负债转移到理财产品中，然后银行作为单一投资者（委托人）将资金委托给信托公司（受托人）。同时银行将房地产开发、政府基础设施的一些项目介绍给信托公司，该笔资金投向这些项目或资产。在整个过程中，资金和项目都是银行的，信托只充当了通道。银行成功实现了“出表”，信托公司扩大资产管理规模并收取手续费用，投资者（储户）获得了比银行存款更高的收益，房地产公司和政府平台获得项目开发贷款。这种运作模式就是“银信合作”，信托行业目前已经累计开展此类项目达 7 万亿元之多，目前证券、保险资管、基金子公司等金融子行业的机构也都运用此类原理大量涉入这种货币与产业结合的过程。此过程中，很多机构都运用了“明股实债”“财产权信托”、夹层投资等方式，究其根本还是借贷。

其次看集合资金信托。信托公司也有自己的客户，主要以可投资金在百万元以上的高净值人士为主。信托公司自主寻找项目，自主进行营销（也可找银行等机构代销），设立集合资金信托计划。目前在信托 11 万亿元的整体管理资产规模中集合资金信托已占到 30% 左右。总之，信托公司管理的非标资产中，大概有 1/3 进入地产业、1/3 进入地方政府平台，其余的进入其他行业。

“后 4 万亿时代”来临

货币运行是动态的概念，涵盖货币的创造以及与产业的结合。图 5-2 以 2013 年年末为结点，总结本章的核心内容：第一，2013

年新增 M2 为 13.23 万亿元，其中有 30% 的货币以投资的形式进入地产业，20% 的货币以地方债务的形式进入地方政府平台。第二，2013 年 M2 的存量为 110.65 万亿元，即中国货币总量约为 110 万亿元，只有其中一半表现为银行信用贷款，保险、债券、股市规模仍较小，有待发展。第三，信托作为近 10 年快速成长的非银行金融机构，创造货币累计 10.9 万亿元，其中大部分以非标资产的形式进入地产业和地方政府平台（见图 5–2）。

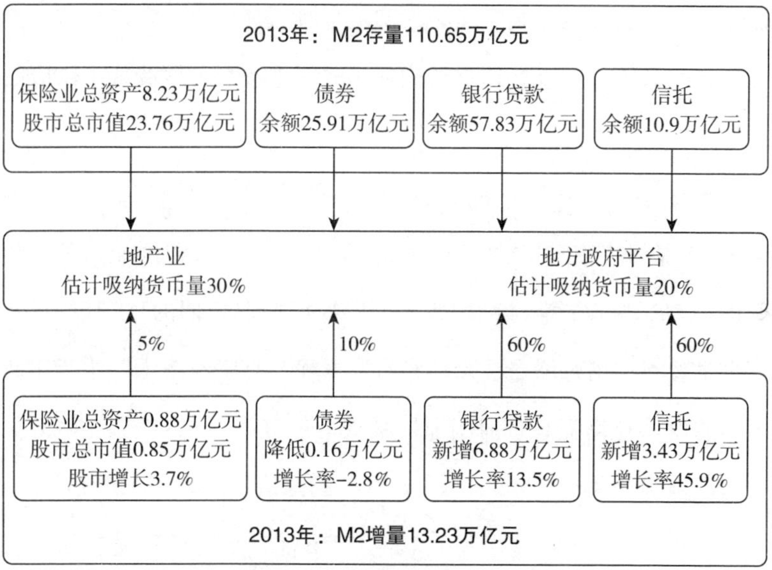

图 5–2　2013 年年末货币运行与地产业及政府平台关系

最后，以简单分析“后4万亿时代”的“克强货币政策”作为本章的结尾。为应对2008年金融危机，中央出台“4万亿”救市计划，各地方也纷纷出台刺激方案。保守估计，此举向市场释放的货币在10万亿元之上，2009年我国M2增长28%，这在当时的确起到了稳定经济增长的作用。但是，也有不少学者认为“4万亿”带来了“部分行业产能过剩、房地产价格上涨、地方债务扩张、影子银行”等问题。中国的货币供应与地产业、政府平台两大行业的结合既是保证经济增长的源泉，同时又必须防范金融系统风险、资产泡沫、地方债务危机等。所以必须重新梳理相关货币政策，维持货币供应的稳定。

2013年，巴克莱资本公司提出“克强经济学”概念，其核心内容为：政府不推出刺激经济政策；去杠杆化，以大幅削减债务，降低借贷与产出比；推行结构改革，以短痛换取长期的可持续发展。不少学者将“用好增量，盘活存量”看作“克强经济学”中货币政策的总纲。李克强总理对当前广义货币供应量M2余额超100万亿元深表担忧，曾表示M2“已经是GDP的两倍了，换句话说就是‘池子’里的货币已经很多了，再多发货币就有可能导致通货膨胀”，并以骑自行车比喻中央银行的货币政策——“既不放松也不收紧银根”，“你要不动，就像骑自行车一样，停在那里晃两圈儿，没准儿就摔下来了”。总之，地产业关系国计民生，地方政府的投资关系基础设施建设与城镇化，在未来一定时期内将继续是货币的巨大容器。而只有将金融信贷和社会融资维持在合理范围内，将流动性维持在略高于经济增长速度的合理水平，才能够最大限度地有益于宏观经济的稳步发展。

附录 4

因债务危机而破产的底特律①

180 亿美元的负债，让底特律陷入了绝望。2013 年 7 月 18 日，这座“汽车之城”正式申请破产保护，从而成为美国历史上最大的破产城市。在半个世纪前，底特律还是美国产业工人向往的目标，“美国梦”的最佳实现地，但半个世纪后，一切逐渐归零，底特律事实上正沦为美国最悲惨的城市。

底特律的成败，与美国汽车工业的兴衰密不可分。这里是作为美国重要工业支柱的“汽车三巨头”——通用、福特和克莱斯勒的总部所在地。汽车业的繁荣以及汽车工人的高福利，使底特律在很长时间里都是美国中北部地区的工业中心，也是美国南部工人向往的圣地。底特律的人口在 20 世纪上半叶迅猛增加，到 20 世纪 50 年

① 根据网络相关报道及凤凰财经综合报道《媒体解析底特律破产的八大原因》等文章整理。

代，底特律的人口有 180 万，跻身美国五大城市之列。昔日繁华的城市如今却要破产，主要有八大原因：

一是债台高筑。规模大、欠债额度高、城市认可度高，这是底特律破产的重要原因。底特律破产涉及金额接近 200 亿美元，这个数字确实不小。底特律有 10 万多名债主，其中包括退休个人、公务员、银行和企业、财产持有者。其中，最大的债主为两大公共雇员养老基金——底特律公务员退休管理系统持有债权 20 亿美元，警察与火警局退休管理系统持有债权 14 亿美元。

二是人口急剧下降，进而导致税收大幅下降。底特律以 713 777 人的人口位列全美第 18 大城市，但这个数量已不及 20 世纪 50 年代其人口顶峰时期的一半，底特律成为美国过去 60 多年中城市人口减少最多的城市之一。

三是市政项目支出依然庞大，政府财政收入过于单一。底特律市政府的财政收入过于单一。城市 80% 的经济依靠汽车产业，产业单一造成财政收入来源单一，风险极大。当所倚重的产业兴旺蓬勃时，财政收入直线上升，而产业一旦遇到困难，财政受到的打击也会格外巨大。

四是难以得到政府资金救助。根据美国法律规定，除非面临自然灾害，否则禁止联邦政府对州和地方政府实施直接救援。

五是美国汽车业竞争力下降。底特律曾是全球知名的汽车城。不过随着日系、欧系汽车的崛起，美国汽车业的竞争力不断下降，在全球的份额也在下滑，和当年的风光已经不可同日而语，底特律的衰落也因此成为不可逆转的事实。

六是未能应对新技术的冲击。底特律曾经是美国汽车业的诞生地，但由于工厂自动化程度提高，或者生产被外包出去，再加上亚洲竞争者抢走了市场份额，大雇主们不得不一波又一波地裁员。

七是种族矛盾突出。自 1943 年年底特律发生种族骚乱后，1967 年 7 月 23 日，底特律再次爆发种族骚乱，黑人烧毁了属于白人的许多房屋和商店，以及数处警所。大火过后的底特律城区几乎成为废墟。

八是高犯罪率导致房价下跌。虽然底特律从 1970 年开始犯罪率已有了大幅度的下降，但据 2007 年的调查显示，底特律在 25 个美国大型城市中犯罪率排名第六位，依然是美国犯罪率最高的几座城市之一。高犯罪率让很多居民离开底特律，从而促使这里房价下跌。房价下跌和居民迁移又意味着许多居民停止支付房产税，这让城市的财政受到进一步打击。

第六章
改善类住房需求樊篱的破解及未来发展趋势

中国目前依然处于以增量市场为主的阶段，即房地产市场需求的满足主要依靠新增供应。在房地产增量市场中，新增城镇人口住房需求、旧房拆迁引发住房需求、改善类住房需求被认为是新增需求的三大主要力量。

房地产增量市场的“三驾马车”

进入2014年以来，受中国经济增速持续回落、信贷紧缩情况未有好转等不利因素影响，部分城市地产业出现快速回落。特别是2014年4月之后，媒体热炒“市场崩盘论”，加之部分从业者及外资投行密集发布看空楼市言论，对消费者信心产生巨大冲击，多数城市出现价滞量跌，甚至是价量齐跌的局面。当时，虽然部分地方政府试探性地出台新政，但对市场回涨的促进作用有限。市场的快速回落，让很多人发出“房地产市场是不是已经进入下行通道”的疑问，有人甚至提出，支撑房地产市场向上发展的力量尤其是改善类住房需求已经见顶。那么，改善类住房需求是不是真的已经增长乏力，进而拖累房地产市场发展呢？如果能够对房地产增量市场、改善类住房需求以及现行的调控政策有基本的了解，就很容易得出正确答案。

普遍认为，房地产市场分为存量市场和增量市场。从发达国家房地产市场发展历程来看，增量市场的发展总是先于存量市场，而中国目前依然处于以增量市场为主的阶段，即房地产市场需求的满足主要依靠新增供应。在房地产增量市场中，新增城镇人口住房需求、旧房拆迁引发住房需求、改善类住房需求被认为是新增需求的三大主要力量。

新增城镇人口的住房需求主要是伴随着城镇化进程的人口迁移形成的需求。按照纳瑟姆曲线变动规律，城镇化率在突破 30% 后进入加速阶段，直到城镇化率接近 70%。城镇化率对人口迁移方向有着明显的影响，城镇化率低于 50% 时，以人口从农村进入城市为主；超过 50% 之后，以人口从小城市进入大中型城市为主；超过 70% 之后，在某些发达国家出现了逆城镇化的现象，即人口出现从核心城区向城市近郊迁移的特点。在过去的 20 年间，中国人口迁移趋势基本遵循着这一规律，到 2010 年，中国城镇人口规模首次超过乡村人口规模，这标志着中国城镇化进程进入新的阶段（见图 6–1）。研究表明，城镇化进程与住宅投资及需求有着非常紧密的联系。以中国为例，1996—2006 年的 11 年间，中国城镇化率每年约提高 1.4%，与之相对应的全国住宅销售面积平均年增长率约为 21%，在考虑其他因素影响的情况下，城镇化率每变动 1% 将影响住宅销售面积同方向变动 0.136 9%，二者存在明确的正相关关系。① 同时，人口迁

① 向为民、任宏、刘新："中国城镇化率与住宅销售量的关系研究"，《建筑经济》2008 年第 12 期，第 40—43 页。

移的方向对新增城镇人口住房需求具有重大影响。可以说，在过去的 10—20 年中，人口从农村向城市迁移、从小城市向大中型城市迁移是中国房地产市场高速发展的主要推动力量。

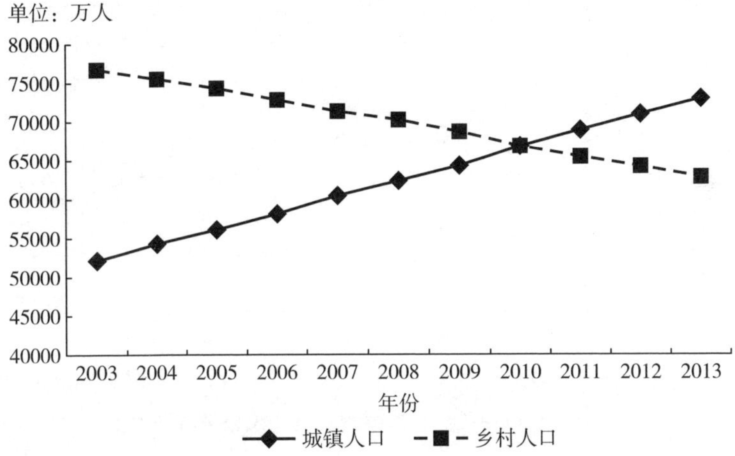

图 6-1　2003—2013 年城镇人口与乡村人口变化趋势

数据来源：国家统计局：《2013 中国统计年鉴》，http：//www.stats.gov.cn/tjsj/ndsj/2013/indexch.htm。

旧房拆迁引发住房需求是推动中国住宅市场快速发展的又一重要力量。旧城改造以及近期媒体热炒的棚户区改造均与城镇化进程相伴随。一方面，2004—2011 年中国拆迁协议公证办证件数持续维持高位，保持在 5 万件以上（见图 6-2），若将大量仍处于谈判阶段及部分未正常完成公证程序的拆迁活动计算在内，实际拆迁房屋数量将远大于此，由此形成的被动性住房需求量将相当可观。另一方面，随着城镇化进程的深入，拆迁成本不断提高，民众维权意识也日益提高，旧城改造的潜力也在进一步压缩，旧房拆迁引发的住房需求在房地产增量市场中的比重呈下降趋势。

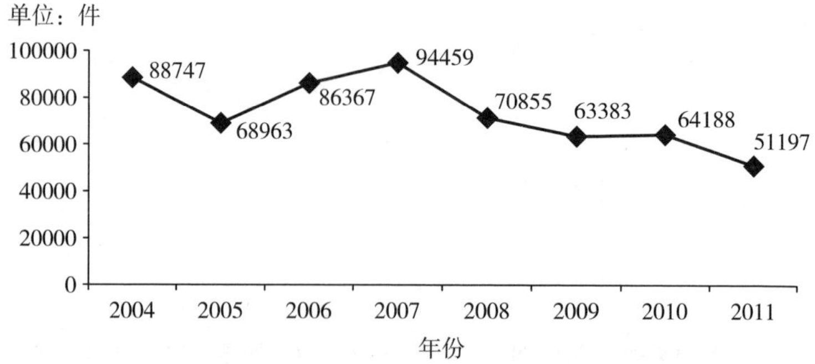

图 6–2　2004—2011 年中国拆迁协议公证办证件数

数据来源：国家统计局年度数据查询库，http：//data.stats.gov.cn。

与前“两驾马车”不同，改善类住房需求源自消费者生活质量提升的需求，是一种自发的内生需求。改善类住房需求既与整体经济发展水平密切相关，又受到消费者家庭可支配收入、人口规模、消费习惯等多种因素的影响。随着房地产市场发展成熟、经济发展水平的提高和家庭小型化趋势的蔓延，改善类住房越来越成为影响房地产住房增量市场的主要力量。中国指数研究院 2012 年以北京和上海市场为例，对中高端住宅市场份额的变化情况所做的研究表明，120 平方米以上大户型住房的销量出现大幅反弹的局面，相较于小户型产品，市场份额提升明显（见图 6-3）。这份研究虽然仅对局部城市和个别时段的改善类住房产品表现进行了研究，但本章后续研究可以表明，其对改善类住房需求表现的研究结论并不是特例。

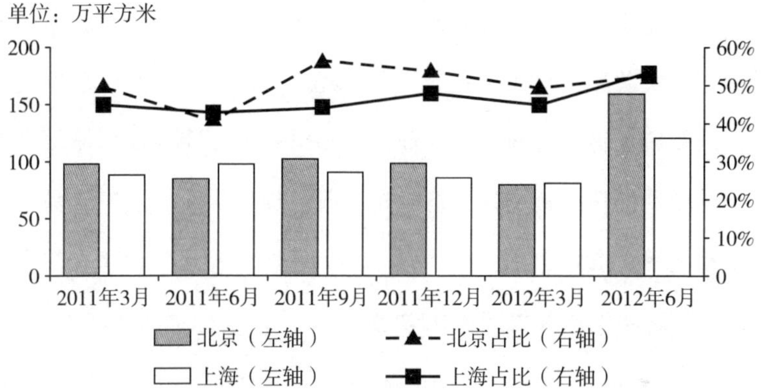

图 6-3 北京、上海 2011 年 3 月至 2012 年 6 月大户型住房销量及其占比

新增城镇人口住房需求、旧房拆迁引发住房需求、改善类住房需求这三驾马车在拉动房地产尤其是住房增量市场发展方面的作用在不同阶段也不一样。一般而言，在城镇化初期，由于农村人口大量拥入城市以及大规模的城市建设与城市经营，前两类需求占据主要地位，改善类住房需求仅为补充。但随着城镇化进程的深入及城镇化率的提高，在一线及二线核心城市，受制于城市规模、社会资源、环境容量等因素，城市人口增长将减缓，由此引发的住房需求所占比重预计也将逐步降低。同时中心城市的大规模拆迁工作已经完成，部分未拆迁区域基本属于传统的拆迁“难点”和成本“高点”，加之近年来拆迁规范性的增强和被拆迁方维权意识的兴起，旧房拆迁的规模和速度均在一定程度上呈现下降趋势，其带来的被动性住房需求占比也将同步降低。与之相反，改善类住房需求与城镇化水平呈正相关关系，城市建设越完善、经济发展程度越高，改善类住房需求越容易得到释放。研究预计，2014—2021 年在新增城镇人口住房需求、旧房拆迁引发住房需求、改善类住房需求这三驾马车共同推动住房需求稳定在 11 亿平方米的水平的前提下，改善类住房需求占比将逐步增长并稳定在 50% 左右。

改善类住房需求的“前世今生”

随着房地产市场逐渐成熟，改善类住房需求的占比也不断提升，无论是政府、房地产公司还是专家学者，对改善类住房需求的关注都逐渐增多。那么，什么是改善类住房需求？影响改善类住房需求的关键因素又有哪些呢？

由于研究的出发点不同，对于改善类住房需求的内涵，政府、企业和学者的表述各有不同。政府机构未对改善类住房需求给出明确定义，但对普通标准住宅做了明确定义。根据《国务院办公厅转发建设部等部门关于做好稳定住房价格工作意见的通知》(国办发〔2005〕26号)，普通标准住宅是指住宅小区建筑容积率在1.0以上，单套建筑面积在120平方米以下，实际成交价格低于同级别土地上住房平均交易价格1.2倍以下的住宅。[①]一般而言，将120平方米以上住宅认定为非普通住宅或者改善类住宅，而购买这类住宅的需求则被定义为改善类住房需求。房地产企业一般沿用政府标准，但是出于营销的需要，往往在营销说辞中对改善类住房需求进行微调，因此改善类住房需求的标准并不统一。以北京为例，某知名地产公司为便于销售，将其在同一区域开发的户型面积在90—180平方米住宅定义为首次改善类住房，将户型面积在200—300平方米住宅定

---

① 《国务院办公厅转发建设部等部门关于做好稳定住房价格工作意见的通知》(国办发〔2005〕26号)对普通标准住房做出明确定义，其后，2006年3月财政部、国家税务总局下发的《关于土地增值税若干问题的通知》(财税〔2006〕21号)在对纳税人建造普通标准住房出售的免征税问题给予明确时，对普通标准住房的认定标准再次予以明确，即“普通住宅”一律按各省、自治区、直辖市人民政府根据《国务院办公厅转发建设部等部门关于做好稳定住房价格工作意见的通知》制定并对社会公布的“中小套型、中低价位普通住房”的标准执行。

义为舒适改善类住房。而学者们由于研究目的的差异，对改善类住房的定义更是五花八门，到目前为止并没有统一标准。

实际上，改善类住房需求更多的是源于购房者的需求细分，与购房者的行为习惯和心理预期密切相关，想要简单地从住房面积或者购房金额上进行划分是比较困难的。因此，可以从购房者的需求层次来对改善类住房需求进行简单定义。根据马斯洛需求层次理论，可以将住房需求划分为三个层次：第一层次是基于生存需要的最低层次住房需求，即实现"住者有其屋"；第二层次是基于改善居住需要的住房需求，即实现"住者优其屋"；第三层次是基于可持续发展需要的最高层次住房需求，即实现"住者享其屋"。① 因家庭人员变化、工作或活动区域的变化，改善类住房需求有以下三种释放方式：一是以房换房，在同一城市因家庭需要而换房，存在"由小换大""由远换近"的升级置业需要，这是目前改善类住房需求的主要来源。二是异地投资，如因休闲、度假、养老需要在不同区域购置临时居所或者第二居所。近年来被媒体热炒的海外置业大多数属于此种类型。三是异地安家，因工作生活等需要在不同国家、城市、区县置业。

---

① 此处的划分主要考虑的是购房者，未考虑未进入住房交易市场的保障类群体。

改善类住房需求的影响因素

作为住房需求的一种，改善类住房需求的影响因素包括房地产价格、居民收入水平和消费结构、国民经济发展水平与城镇化水平、国家有关经济政策、投资者对未来的预期、城市人口数量和家庭结构、生活方式变化等。具体而言，改善类住房需求又可以大致按照宏观层面和微观层面来划分。宏观层面主要是指与购房者个性化需求无关的外在因素，如房地产价格、国民经济发展水平与城镇化水平、国家有关经济政策、城市人口数量和家庭结构等激发人们产生改善类住房要求的共性因素。而微观层面主要是指购房者的个性化需求引致的内在因素，如家庭人数、人均居住面积及家庭可支配收入、个人预期及生活方式等个性化因素。

学术界还将改善类住房需求分为主动和被动两种，分别对应房地产梯度消费理论[①]和房地产市场过滤规律。房地产梯度消费理论

① 所谓梯度消费是指消费者在消费过程中存在的分层次和分阶段消费的现象，可以从宏观和微观两个层面对其进行分析。一方面，把消费者作为一个总体考察，在某一时点上，不同人的收入水平不尽相同，所以其消费水平也存在差异；另一方面，把消费者作为单独个体考察，即一个人在不同时期会有不同的收入水平与消费水平。这样，社会同一类消费品的价格和档次会有所不同，以迎合不同收入水平的消费者以及同一消费者在不同时期的不同需要。参见董藩、丁宏、陶斐：《房地产经济学》，清华大学出版社 2012 年版。

指的是不同收入阶层根据自身的收入水平选择能够负担得起的房屋，同一消费者在收入水平的不同阶段也要选择不同档次的房屋。总体而言，梯度消费是消费者主动选择的过程，而房地产市场过滤的过程就是房产不断老化逐渐折旧的过程，是消费者被动接受的过程，是指即使消费者收入不发生任何变化，房产因老化而质量下降引起住房改善的要求。过滤的本质原因是房产老化及新建，旧房产提供的服务功能减少，质量水平降低，人们在追求高质量住房的心理作用下，放弃原有房产，而不是由于收入的提高而放弃原有房产。从某种程度上来说，旧城改造、拆迁都可以看作被动型的改善类住房需求，但一般而言，我们所称的改善类住房需求主要是指狭义的改善类住房需求，不包含被动引致的情况。

从中国的现实情况来看，当前正值改善类住房需求释放的高峰时期，主要表现在人口结构和人均住房面积两个指标上。从人口结构来看，区域或地区的人口结构往往能够决定改善类住房需求的多寡。这是因为从统计学上说，人口年龄与经济能力和住房需求有较强的相关关系。处于青壮年时期的人口一般经济能力较强，处于适婚、适育阶段人口越多，改善类住房需求相对越高，因而30—50岁的青壮年阶段一般被认为是经济实力增长较快、住房需求快速释放的阶段。在当前的中国，于20世纪50年代和80年代两次生育高峰出生的人群正分别处于首次置业、首次改善的关键时期，20—30 岁被看作首次置业年龄、40—50 岁被看作改善型置业年龄，而近三年的婴儿潮也可看作另一类改善类住房需求的参考指标，这就意味着未来 5 年中国房地产需求将迎来新的高峰。从人均居住面积来看，人均居住面积越低，住房改善的需求和空间就越大。目前中国城镇居民的人均居住面积为 27.3 平方米，与典型发达国家相去甚远。参考发达国家的人均居住情况，结合当前我国的人均居住情况，按照人均 30 平方米可满足基本需求计算，未来改善类住房需求的潜力依然很大。

表 6–1　7 国住宅平均面积与人均居住面积（单位：平方米）

国家	英国	法国	德国	意大利	荷兰	西班牙	美国
住宅平均面积	85.0	88.0	86.7	90.3	98.0	85.0	174.2
人均居住面积	35.4	35.2	39.4	43.0	40.8	25.8	67.0

数据来源：网易新闻：《全国平均住房面积，你被平均了吗？》，http://gz.house.163.com/special/xf_pingjun/。

另外，若考虑房屋拆迁改造等引起的被动改善类住房需求，根据第六次人口普查长表统计，中国有 5.8% 的住房建成时间在 1980 年之前，21.7% 的住房建成时间在 1990 年以前。根据全国存量住宅 181 亿平方米的规模基数，以及有 30 年以上房龄的存量住宅为 10.5 亿平方米可推测，约有 2 500 万户为潜在改善类住房需求客户。

改善类住房需求的现状与樊篱

在中国，除了上述影响因素外，制约改善类住房需求释放的最关键因素是政策因素，即政府为了推动房地产市场的健康平稳发展所推行的一系列房地产宏观调控政策。尤其是在 2003—2012 年这 10 年间，为了稳定房价，中央政府和各地方政府出台了一系列宏观调控政策，在一定程度上促进房地产市场健康发展的同时，也误伤了改善类住房需求，较大程度地抑制了这些需求的正常释放。

虽然从严格意义上区分和监控改善类住房需求的数量是非常困难的，但是通过一手、二手房市场的表现和消费者购房次数等典型指标，可以较好地反映改善类住房需求的现实状况。总体而言，一、二线城市的改善类住房需求正逐渐成为主流。

第一，一、二线城市二手房市场已全面超越新房市场，表明改善类住房需求比重在逐渐提升。将二手房市场交易等同于改善类住房交易并不严谨，但从实际情况来看，绝大多数二手房市场的卖方都是改善类住房的购买者①，就某种程度而言，二手房市场的交易活

① 我爱我家、链家等房地产中介机构内部研究报告对业主资金流向追踪显示，近八成业主卖房的目的为升级置业。

跃程度代表着改善类住房需求的旺盛程度。以 2013 年为例，中国指数研究院研究表明，尽管全国范围二手房成交占比只有 35% 左右，但是深圳、上海、北京、太原、南京等一、二线城市二手房成交量已经超过新房（见表 6-2）。

表 6-2 全国二手房市场活跃的城市列表

城市	一手房交易套数	二手房交易套数	二手房交易套数 / 一手房交易套数
深圳	47 759	95 527	200%
上海	171 082	316 000	185%
北京	119 000	162 746	137%
太原	8 247	11 000	133%
南京	90 572	96 095	106%
杭州	34 746	28 023	81%
天津	115 914	88 175	76%
南昌	37 315	27 500	74%
济南	61 445	41 455	67%
苏州	69 503	42 300	61%
成都	114 233	65 325	57%
无锡	44 704	24 128	54%
郑州	91 587	47 016	51%

第二，从消费者购房次数来看，购买第二套房产的比例在逐渐增加，这表明由于消费升级、区域迁移等带动的改善类住房需求也

在快速释放，其所占比重在北京等城市已超过40%。与一手、二手房市场类似，仅仅以购买的“是否为第二套及以上房产”来决定是否属于改善类住房需求并不精准，但一般而言，购买首套房者大多数处于“住者有其屋”的第一阶段，而购买第二套及第二套以上房产的群体，基本上是出于消费升级等改善类住房需求，因此研究第二套及以上住房交易比例，有助于从侧面了解改善类住房需求的规模。以银行贷款作为一个监控手段，可以较为有效地区分出购买首套和第二套及以上房产的购房者的比例。从表6–3可以看出，2012—2014年北京第二套房的成交比例在逐年上升。

改善类住房需求释放的限制性政策沿革

从2003年开始，在国际、国内经济形势的共同影响下，房地产市场开始由平稳发展进入高速发展阶段，但住宅价格上涨过快的问题也应运而生。对此，国家为了稳定房价，促进房地产市场的健康发展，密集出台了一系列的宏观调控政策。根据这些政策目标的宏观差异，大致可以将2003年之后十年的房地产宏观调控政策分为四个阶段，分别是2003年至2008年年底的“抑制”阶段、2008年

表 6-3 北京购买首套房与第二套房比重测算表

付款方式				购买首套房、第二套房占比				综合计算		
	2012 年	2013 年	2014 年		2012 年	2013 年	2014 年	2012 年	2013 年	2014 年
公积金	44.5%	27.3%	22.7%	首套	90.0%	92.0%	93.0%	40.1%	25.1%	21.1%
				第二套	10.0%	8.0%	7.0%	4.5%	2.2%	1.6%
商贷	21.7%	34.8%	37.5%	首套	85.0%	83.1%	79.9%	18.4%	28.9%	30.0%
				第二套	15.0%	16.9%	20.1%	3.3%	5.9%	7.5%
全款	33.8%	37.9%	39.8%	首套	20.0%	20.0%	20.0%	6.8%	7.6%	8.0%
				第二套	80.0%	80.0%	80.0%	27.0%	30.3%	31.8%
				首套合计				65.3%	61.6%	59.1%
				二套合计				34.7%	38.4%	40.9%

注：第一步，依据建委的合同备案数据，统计已成交的客户付款方式。第二步，通过公积金管理中心数据，区分公积金贷款中首套与第二套（即第二次购房）的占比；通过贷款的首付成数及利率，区分商业贷款中首套与第二套的占比；通过全款客户的住房登记数据，区分首套与第二套的占比；最终计算出所有成交客户中首套与第二套各自所占的比重。

数据来源：根据公积金管理中心、商业银行房贷管理部门及房屋管理部门数据计算而得。其中，公积金贷款包含国管、市管公积金、组合贷；全款客户含一次性付款、分期付款等形式；2014 年数据截至 2014 年 5 月 31 日。

年底至2009年年底的“扶持”阶段、2009年年底至2013年年初的“打压”阶段、2013年4月至2014年的“稳定”阶段。应该说，除2008年年底至2009年年底的“扶持”阶段政策对改善类住房需求以鼓励为主外，其他阶段基本都是限制甚至是严厉打压。

1.“抑制”阶段的限制性政策

以2003年4月《关于安置残疾人就业单位城镇土地使用税等政策的通知》的出台为标志，地产业遭遇了长达五年的密集宏观调控。在此期间，宏观调控总的方向是抑制房地产价格的过快上涨，按照宏观调控政策取向的差异，又大致可以分为“压投资、控供给”“抑需求、调结构”“增供给、促保障”三个不同阶段。从2003年开始到2005年结束的“压投资、控供给”阶段，政策主要是基于房地产投资出现过热势头的判断，通过压缩房地产开发贷款和控制土地出让来调控市场，政策矛头主要指向供给方，对住房需求的影响相对而言并不大。以2005年3月国务院办公厅下发《国务院办公厅关于切实稳定住房价格的通知》（国办发明电〔2005〕8号）为标志，政策转为从信贷和土地两方面入手抑制需求，调整住宅需求结构，拉开了对改善类住房需求引导乃至限制的政策大幕。即使在2006年8月将“增供给、促保障”纳入调控政策中之后，也未完全放弃“抑需求、调结构”的政策思路。

“抑需求、调结构”阶段的代表性调控政策和文件包括国务院《国务院办公厅关于切实稳定住房价格的通知》、“引导和调控房地产市场八项意见”（“国八条”）、《关于做好稳定住房价格工作的意见》（“新国八条”）、“对房地产调控的六条意见”（“国六条”）和《关于调整住房供应结构稳定住房价格意见》（“国十五条”）。《国务院办公厅关于切实稳定住房价格的通知》提出了切实负起稳定住房价格的责任、大力调整和改善住房供应结构、严格控制被动性住房需求、正确引导居民合理消费预期、全面监测房地产市场运行、积极贯彻调控住房供求的各项政策措施、认真组织对稳定住房价格工作的督促检查七项要求。其中控制被动性需求、引导消费预期等内容，实际上是将调控思路由控制供给转变为从消费预期和防止强制拆迁引起被动型需求等方面来抑制需求，是调控思路的重要转变。尤其是引导消费预期要求的提出，实际上是要求对改善类住房需求做出正确引导，希望推动改善类住房需求的科学释放，暂未对改善类住房市场产生实质影响。然而到了 2005 年 4 月，在“引导和调控房地产市场八项意见”中，政府将商品房结构不合理作为房地产市场存在的四大主要问题之一，并提出改善商品房结构，加强对普通商品住房和经济适用住房价格的调控，保证中低价位、中小户型住房的有效供应等直接指向改善类住房产品及需求的政策，这成为此后相当长时间内政府调控的主要方向，对改善类住房产品及需求产生较大影响。

在这个阶段，从实质层面落实对改善类住房市场限制的代表政策主要是两个："90/70" 政策和差别税率及贷款政策，分别从供给和需求两个方面对改善类住房市场进行微观调控。政策的出台引发了业界关于改善类住房需求是否受到误伤的争论。"90/70" 政策主要是指 2006 年国务院九部委联合发布的《关于调整住房供应结构稳定住房价格的意见》中提出的 "自 2006 年 6 月 1 日起，凡新审批、新开工的商品住房建设，套型建筑面积 90 平方米以下住房（含经济适用住房）面积所占比重，必须达到开发建设总面积的 70% 以上"。该政策是对之前国务院常务会议通过的 "对房地产调控的六条意见"（"国六条"）中切实调整住房供应结构的细化和落实。政策出台后，在北京、上海等大中型城市得到了非常严格的落实，一方面，极大地减少了 2—3 年内的改善类住宅供给量，给后续改善类需求的满足带来负面影响；另一方面，开发商为迎合市场需要而做出的 "一房多本" 等规避政策影响的措施，在限购政策出台后直接影响了这批住宅在存量市场的交易，使得相当部分以房换房的改善类住房需求无法转化。差别税率及贷款政策则是指 "从 2006 年 6 月 1 日起，对购买住房不足 5 年转手交易的，销售时按其取得的售房收入全额征收营业税；个人购买普通住房超过 5 年（含 5 年）转手交易的，销售时免征营业税；个人购买非普通住房超过5年（含5年）转手交易的，销售时按其售房收入减去购买房屋的价款后的差额征收营业税”，“从2006年6月1日起，个人住房按揭贷款首付款比例不得低于30%……对购买自住住房且套型建筑面积90平方米以下的仍执行首付款比例20%的规定”。这一政策通过提高交易成本和购房门槛，直接增加了改善类住房需求实现的难度，其所影响的群体主要是有改善类住房需求的群体，也为2008年后“扶持”阶段改善类住房需求爆发式增长埋下伏笔。

2. “打压”阶段的限制性政策

自2008年年底开始至2009年年底结束的“扶持”阶段对改善类住房需求总体以鼓励为主，是改善类住房需求快速释放的黄金时期；2009年年底至2013年年初，政策对改善类住房需求迅速转为“打压”。以2010年9月国务院有关部委再次出台一系列宏观调控措施为界线，这一阶段可以分为“首轮调控”和“二轮调控”。在“打压”阶段，房地产调控手段由开始的以经济手段为主，渐渐转变为以行政手段为主，调控政策愈加严厉。

“首轮调控”政策本意是以打压投机性需求为主，2010年1月《国务院办公厅关于促进房地产市场平稳健康发展的通知》（国办发〔2010〕4号，又称“国十一条”）提出的“抑制投资投机性购房”，“加大差别化信贷政策执行力度”，切实防范各类住房按揭贷款风险就是证明。而随着政策的逐步深化和严厉，改善类住房需求也随之受到较大影响。一是在“国十一条”出台之前，财政部、国家税务总局《关于调整个人住房转让营业税政策的通知》（财税〔2009〕157号）正式发布，对个人购买不足5年的非普通住房对外销售的，全额征收营业税；个人将购买超过5年（含5年）的非普通住房或者不足5年的普通住房对外销售的，按照其销售收入减去购买房屋的价款后的差额征收营业税；将从2008年年底为“救市”而颁布的个人购房营业税优惠政策正式取消。这些政策的出台重新提高了改善类住房需求交易转换成本。二是在“国十一条”中提高二套住房购房贷款首付款比例至不得低于40%，并且在《国务院关于坚决遏制部分城市房价过快上涨的通知》（国发〔2010〕10号）中将这一比例提高至不低于50%，同时要求贷款利率不得低于基准利率的1.1倍，进一步降低了银行信贷对改善类住房需求的支持力度。三是动用大量行政手段，提出“商业银行可根据风险状况，暂停发放购买第三套及以上住房贷款；对不能提供1年以上当地纳税证明或社会保险缴纳证明的非本地居民暂停发放购买住房贷款。地方人民政府可根据实际情况，采取临时性措施，在一定时期内限定购房套数”的做法，为后续通过限购、限贷等行政手段抑制住房需求尤其是改善类住房需求埋下伏笔。

然而，在经历短暂的“观望”之后，2010年9月，房地产市场又呈现交易量大幅上升、供需两旺的局面，部分城市房地产价格重新进入快速上行通道。在此情况下，为了进一步巩固房地产宏观调控的成果，2010年9月29日国务院有关部委分别出台措施，以遏制部分城市房价过快上涨，这就是所谓的“二轮调控”。总体而言，“二轮调控”以落实国务院2010年10号文件（国发〔2010〕10号）为主要目标，以地方政府出台各项细则加强调控措施落地为主要手段，调控所采取的措施由“经济手段为主、行政手段为辅”变为“行政手段为主、经济手段为辅”。这一阶段主要是从完善差别化的住房信贷政策、调整住房交易环节的契税和个人所得税优惠政策等方面继续调控市场，尤其是各地纷纷出台以限购为主要手段的调控措施，调控手段愈发倾向于“行政化”（见表6–4）。同样是限购政策，不同城市的限购方式也各不相同。有的城市采取较为严厉的做法，限制总购房数量，例如，深圳市户籍居民家庭限购两套住房，非深圳市户籍居民家庭限购一套住房。而有的城市则采取相对宽松的做法，例如，北京、上海等地的政策均为限制居民只能新购一套住房，而对已保有住房情况未作规定。除此之外，有的城市除了限制购房数量外，还限制购房年龄，例如，广州市就规定未满18岁的人士不能单独购买商品住房。限购政策的出台对改善类住房需求产生了直接冲击，极大地限制了改善类住房需求的释放，虽是特定历史时期的“次优”办法，但对稳定房地产市场，促进国民经济平稳、健康、快速发展具有一定的积极作用，是长期以来改善类住房需求难以正常实现的主要限制力量。

表 6–4　2010 年 4 月和 9 月房地产调控政策对比

	9 月“二轮调控”		4 月国务院 2010 年 10 号文件（国发〔2010〕10 号）
个人房贷	首套房	首付款比例调整到 30% 及以上	套型建筑面积 90 平方米以下不得低于 20%，面积 90 平方米以上不得低于 30%
	第二套房	严格执行首付款比例不低于 50%、贷款利率不低于基准利率 1.1 倍的规定	首付款比例不低于 50%、贷款利率不低于基准利率 1.1 倍
	第三套房	暂停发放第三套及以上住房贷款	贷款首付款比例和贷款利率应大幅度提高，部分地区可暂停发放购买第三套及以上住房贷款
限购令	房价过高、上涨过快、供应紧张的城市，要在一定时间内限定居民家庭购房套数		地方人民政府可根据实际情况，采取临时性的措施，在一定时期内限定购房套数

资料来源：根据网络公开信息整理。

改善类产品将迎来更大发展空间

虽然改善类住宅需求受到了政策的极大压制，但过往数据表明，改善类产品的市场表现要明显优于其他住宅产品，主要体现在近年中高端市场的稳定表现，以及以中高档项目开发为主的房地产开发企业的业绩表现。改善类产品受到市场追捧，主要在于相对供不应求的市场格局。

相比普通住房市场，以改善类住房需求为主的高端市场受到政策影响较小。尽管由于政策作用，2011 年以来改善类住房需求的释放难度加大，然而，以改善类住房需求为主的高端市场并未跌入低谷，市场表现反而好于整体住房市场。

以 2014 年上半年的市场情况来做详细说明。1—6 月全国住宅销售延续 2014 年年初以来的低迷态势，交易均价维持一定数值不再上涨；全国住宅市场交易量明显低于前一年同期水平，绝大部分城市 1—6 月交易套数同比降幅在 15%—50%，重点监测的 11 个城市中，北京全市住宅交易套数降幅最大，达到 47.9%；南京降幅最小，仅有 17.1%。相比而言，高端市场的交易量同比降幅小于整体住宅市场。对比各城市高端住宅交易量与整体住宅交易量同比涨幅变化情况发现，11 个城市中，南京等 7 个城市的高端住宅交易量降幅低于整体住宅交易量降幅，重庆的高端住宅与整体住宅交易量降幅基本一致（见表 6–5）。可见，楼市低迷之时，高端市场交易量同比降幅小于普通住宅市场（见图 6–4）。

表 6–5　11 个城市高端住宅交易量与整体住宅交易量同比涨幅变化情况对比

	全市住宅成交套数			高端住宅成交套数			
	2013 年 1—6 月	2014 年 1—6 月	同比	标准（总额≥）	2013 年 1—6 月	2014 年 1—6 月	同比
北京	49 274	25 695	–47.9%	500 万元 / 套	4 245	3 324	–21.7%
上海	38 533	27 964	–27.4%	500 万元 / 套	4 495	4 053	–9.8%
广州	46 854	35 359	–24.5%	500 万元 / 套	1 745	1 208	–30.8%
深圳	22 865	13 806	–39.6%	500 万元 / 套	1 089	1 258	15.5%
南京	37 062	30 729	–17.1%	300 万元 / 套	2 310	2 609	12.9%
苏州	26 884	23 362	–13.1%	300 万元 / 套	1 101	1 119	1.6%
杭州	32 405	21 651	–33.2%	300 万元 / 套	4 263	1 860	–56.4%
宁波	10 630	8 993	–15.4%	300 万元 / 套	765	692	–9.5%
青岛	41 823	30 462	–27.2%	300 万元 / 套	866	597	–31.1%
长沙	58 169	43 282	–25.6%	300 万元 / 套	364	321	–11.8%
重庆	85 169	59 844	–29.7%	300 万元 / 套	775	539	–30.5%

注：为监测高端住宅市场的情况，除了按照统计局的统计口径之外，按照豪宅户均 200 平方米计算，将一线城市套均总额 500 万元以上（平均房价 2.5 万元 / 平方米）、二线城市套均总额 300 万元以上（平均房价 1.5 万元 / 平方米）的产品纳入统计对象。统计数据显示，除了深圳、南京、苏州三个城市高端住宅成交套数同比上涨之外，其余多数城市高端住宅成交套数同比下降，降幅最大的是杭州，达到 56.4%。

数据来源：克而瑞房地产信息系统。

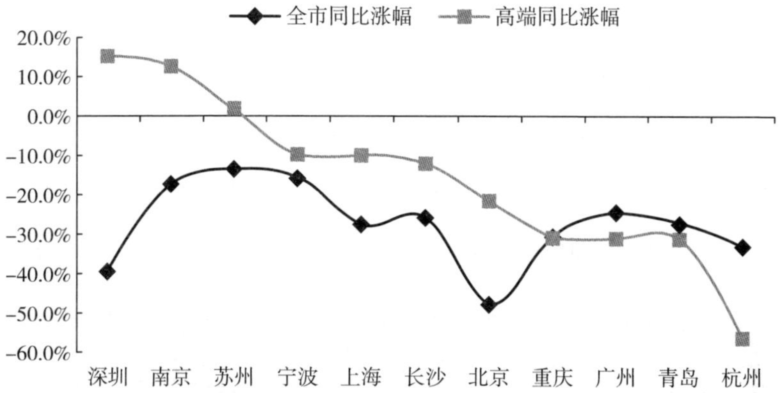

图 6-4 2014 年 1—6 月 11 个城市高端住宅交易量与整体住宅交易量同比涨幅变化情况对比

数据来源：克而瑞房地产信息系统。

经历十多年的房地产市场化发展之后，房地产开发企业逐渐形成自身的特点。首先，从整体规模上，第一阵营中的绿地、万达、保利紧随万科、中海、碧桂园、恒大依次进阶“千亿军团”；其次，从高端产品供应的角度上，第二阵营中的华润、世茂、融创、绿城、龙湖的表现也可圈可点。从发展规律来看，以高端住宅为主的企业的周转速度要明显低于规模化发展的企业的速度，因此，高端企业应该采取比以规模化发展为目标的企业更为保守的策略。也正因为如此，以高端项目开发为主的房地产开发企业的整体规模及增长幅度有限，大多在第二阵营之中。

尽管企业的整体规模不及其他企业，但高端住宅开发企业人均效益高，盈利能力突出。30 家上市的房地产开发企业中，融创的人均营收和人均净利排在第 10 名左右，绿城的两项排名均位列前 5 名。相比之下，恒大、碧桂园等销售总额较大、以中低端开发项目为主的企业人均效益则偏低（见表 6–6）。

表 6–6 2011 年和 2012 年房地产开发企业人均效益排名

企业名称	人均营业收入（万元 / 人）				人均净利润（万元 / 人）			
	2011 年	排名	2012 年	排名	2011 年	排名	2012 年	排名
融创	350.2	9	445.5	10	78.7	11	55.9	15
绿城	501.1	4	757.9	1	94	7	129.6	3
恒大地产	189.7	20	169.7	22	36.1	23	23.9	28
碧桂园	98.7	28	104.1	28	16.6	28	17.1	30
富力地产	166.7	24	165.9	24	29.5	25	30.9	24

数据来源：九舍会智库，http：//www.docin.com/p–826939564.html。

受政策限制，改善类住房的供应逐渐下滑

2006 年国务院九部委联合发布的《关于调整住房供应结构稳定住房价格的意见》指出：自 2006 年 6 月 1 日起，凡新审批、新

开工的商品住房建设，套型建筑面积 90 平方米以下住房（含经济适用住房）面积所占比重，必须达到开发建设总面积的 70% 以上。对中小户型产品的推崇，也使得大户型改善类产品比重受到更为严格的监管，别墅、高档公寓商品房的供应在 2011 年之后出现持续下滑趋势。据《中国房地产统计年鉴 2013》显示，在整体住宅竣工指标保持上涨的情况下，2011—2013 年别墅、高档公寓商品房竣工面积分别为 0.33 亿平方米、0.32 亿平方米、0.29 亿平方米，呈现出逐渐下滑态势。

各城市所有项目均按“90/70”政策的要求执行，虽然部分城市并不要求每个项目均按此标准，但全市仍需要整体统筹达标。受此影响，一线城市别墅、高档公寓商品房供应在 2006 年之后出现持续下滑趋势。《中国房地产统计年鉴 2013》显示，2013 年北京、上海、深圳、广州等城市别墅、高档公寓商品房竣工面积分别为 133.5 万平方米、236.4 万平方米、4.3 万平方米、54.5 万平方米，分别比 2006 年下降 47.8%、31.3%、94.8%、61.9%（见图 6–5）。二线城市别墅、高档公寓商品房供应量则出现了分化。国家统计局统计数据显示，重庆、杭州等城市 2001—2013 年别墅、高档公寓商品房竣工面积出现波动上涨态势；南京、大连、长沙、宁波、青岛等城市出现下行趋势（见图 6–6）。

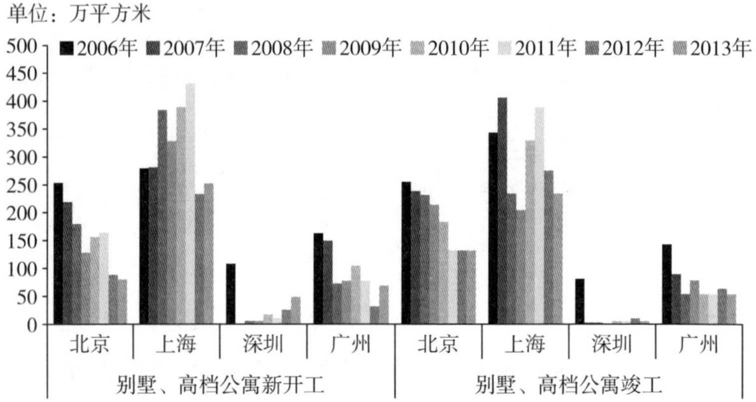

图 6-5　2006—2013 年典型一线城市住宅的供应量变化

数据来源：国家统计局，中国指数研究院：《中国房地产统计年鉴 2013》，中国统计出版社 2013 年版，第 301—382 页。

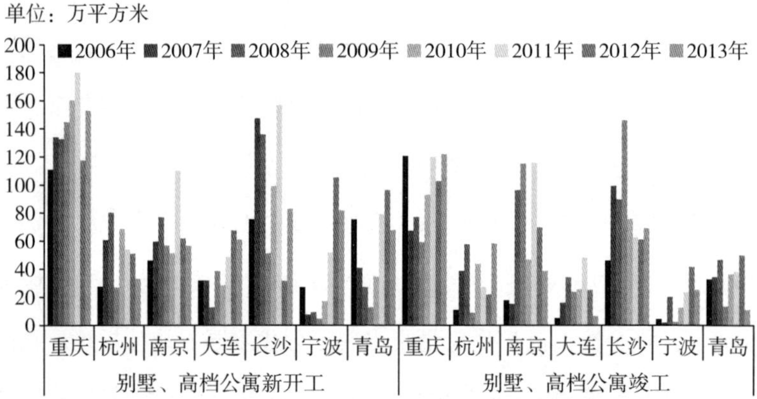

图 6-6　2006—2013 年典型二线城市住宅的供应量变化

数据来源：国家统计局，中国指数研究院：《中国房地产统计年鉴 2013》，中国统计出版社 2013 年版，第 301—382 页。

改善类住房市场需求逐年增加

自1998年取消福利分房以来，中国房地产行业经过近20年的市场化过程之后，在新增城市人口住房需求、旧房拆迁引发住房需求、改善类住房需求这三驾马车的推动下，已迎来换房高峰。一线城市的二手房市场已经超越新房市场，发达的二线城市的二手房市场也逐渐活跃起来，卖房业主正伺机完成改善置业，改善类住房需求未来将会逐年增加。相比首次置业者，改善类住房需求者除了关注价格之外，更加在意建筑的品质与生活的舒适度，同时也关注项目未来的保值增值属性。因此，高端新盘项目依旧是改善类住房需求的置业首选。展望未来，短期内人口结构中刚需与改善双峰值的特征难以变化，城镇化进程还将加快，旧城改造也将提速，改善类住房需求的发展基础稳固，需求逐年增加的趋势近期难以逆转。

在需求逐年增长的形势之下，由于别墅、高档公寓商品房供应受到政策的限制，市场交易量也因此出现波动，2011年之后出现下滑的迹象，这与整个住宅市场持续大幅上涨形成鲜明对比。也正是基于供不应求的市场现状，别墅、高档公寓商品房交易均价持续攀升。国家统计局统计数据显示，2013年别墅、高档公寓商品房均价为12 591元/平方米，比上年上涨9.9%，高于住宅7.7%的涨幅（见图6–7）。

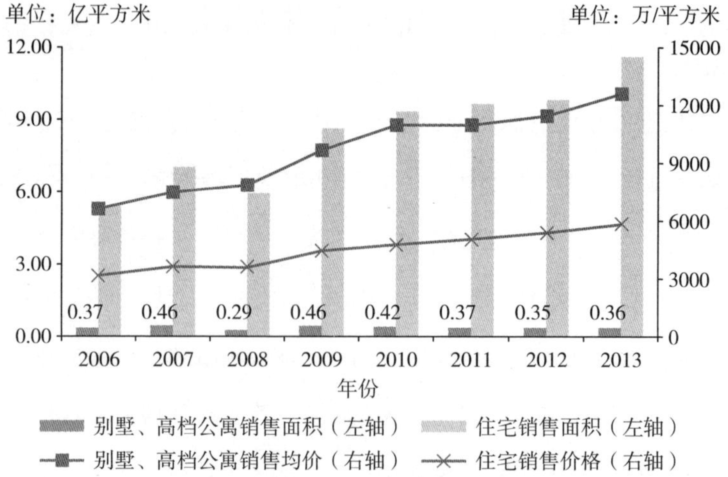

图 6–7　2006—2013 年住宅及高档住宅的供应量变化

数据来源：国家统计局，中国指数研究院：《中国房地产统计年鉴 2013》，中国统计出版社 2013 年版，第 97—108 页。

资源日渐稀缺，高端项目保值增值特征明显

别墅、高档公寓商品房项目作为高端物业产品，一直以来被视为人居典范、稀缺资源。一方面，城市核心区土地资源日渐匮乏，以北京为例，五环内土地供应占比已不足 5%，并呈现逐年下降的趋势；另一方面，郊区土地比重增加，但是容积率小于 1 的低密度用地也十分稀少。随着国家调控政策实施，楼市成交萎缩，但作为

高端产品的别墅却未受到影响。别墅项目作为高端物业，其自身所具备的性质决定了其价值，随着城市无法复制地段越来越稀缺以及未来耕地逐渐减少，豪宅项目将越发紧俏，别墅豪宅将成为未来抢手的投资和居住产品。以北京为例，据北京市房产交易管理网监测数据显示，同为2011年新开盘的大盘项目，东四环某豪宅项目与北五环外某普通住宅项目的价格上涨趋势明显不同，三年间东四环豪宅项目总体涨幅超过60%，而五环外普通住宅项目涨幅不过35%（见图6-8、图6-9）。

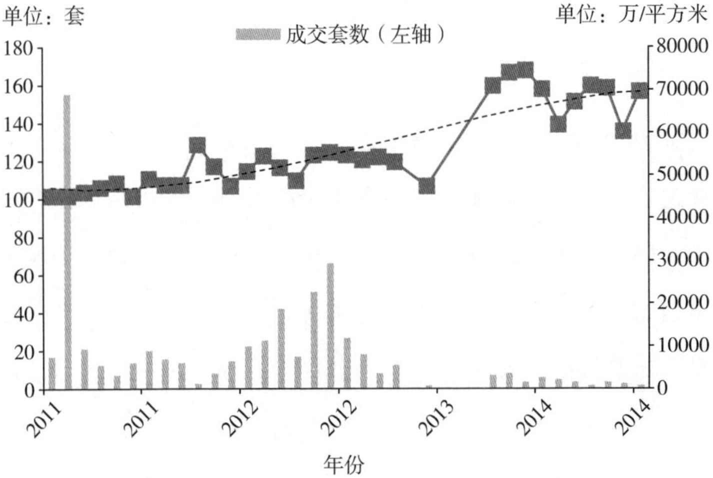

图6-8 北京高端房地产项目交易量价变化走势图

数据来源：北京市房产交易管理网。

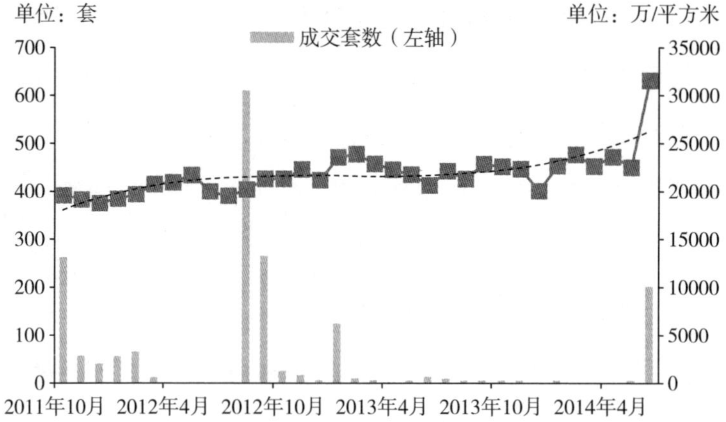

图 6-9　北京普通房地产项目交易量价变化走势图

数据来源：北京市房产交易管理网。

自 1998 年住房制度改革以来，中国房地产市场经历了从起步到快速发展的阶段。随着中国城镇化的推进，住房需求正在悄然转变，随着加大中低价位住房建设比重、棚户区改造、旧城改造以及保障房政策的逐步推进，普通住房的需求将得到很大程度的满足。与此同时，改善类住房需求正在逐渐增加，中高端市场发展潜力大。但是，中高端市场供应受到结构调控的抑制，加上改善类住房需求也受到贷款政策的限制，因此，未来中高端房地产市场的发展机会与风险并存。

改善类住房市场政策已有所松动

随着 2014 年房地产市场逐渐转冷，过去的调控措施对市场的误伤也逐渐显现，呼吁房地产市场“去行政化”的呼声越来越高，而 2014 年房价的整体回调也为政策松绑提供了良好的客观环境。部分地方政府出于稳定地方财政收入的目的，试探性地逐步放松调控政策，客观上对改善类住房市场提供了更为广阔的发展空间。从长远来看，以限购、限贷为主要手段的房地产调控措施将逐步退出历史舞台，受此影响最大的改善类住房市场将迎来更大的发展空间。

2014 年以来，改善类住房市场的限制政策已逐步有所松动，主要体现在以下两个方面。

第一，房地产调控长效机制的主要特征是市场化。党的十八届三中全会对全面深化改革开放做出重大部署，其中涉及土地、财税等核心制度的变革思路，彰显中央建立房地产长效发展机制的决心。其核心在于强调市场在资源配置中起决定性作用，强调健全以财政政策和货币政策为主要手段的宏观调控体系。这也表明，中央政府层面对于房地产市场的管控思路主要是推动房地产市场机制的完善，而房地产调控也将改变过去紧盯房价、各种手段齐出的做法，转而以市场化手段为主，部分行政调控手段将陆续退出。中央政府针对当前投资趋缓、开工不足的问题，一方面通过建立市场化、法制化的长效调控机制，稳定市场预期，保证投资和消费规模；另一方面采取增加供应、分层保障的手段，来平抑市场需求及价格的大幅震荡。总体来看，在需求端，对于改善类住房需求的行政打压将会减少。

第二，部分地方政府出于“保增长”的压力，以取消或者放松限购为代表，开始实质性地放宽房地产市场。随后，当单纯取消限购对市场促进作用有限的时候，部分地方政府会在职权范围内尽可能地放松限贷政策。这些松动政策将主要对改善类住房市场有利。相对而言，各地政府在推动限购政策放松方面力度较大，截至 2014 年 8 月，全国实施限购政策的 46 个大中型城市中，仅有北、上、广、深四个一线城市及极个别二线城市未有松动。而由于限贷政策调整权限不在地方政府，相应的政策松动力度较为有限，部分地方政府往往通过地方发文来调整首付比例、加快公积金贷款批复及支持力度等，效果相对有限（见表 6–7、表 6–8）。

表 6–7　各地限购政策调整汇总

城市	具体政策	发布形式
天津	4 月 28 日，滨海新区实行差别化限购政策；7 月 24 日全市开放限购；8 月 2 日开放外地人限购	
无锡	5 月 1 日，144 平方米以上高端房源限购松绑；7 月 26 日，取消 90 平方米以上住房限购；8 月 30 日起暂停限购	口头通知
宁波	5 月 5 日调整限购；8 月 30 日彻底取消限购	正式发文
佛山	5 月 10 日高明区作为试点地区松绑限购；8 月 6 日放松限购	正式发文
广州	5 月南沙对港澳地区人士松绑限购；6 月 20 日中心区高价盘“限签”松绑	口头通知
郑州	8 月 8 日部分区取消限购	正式发文
海口	7 月 23 日终止执行商品房限购政策	正式发文
金华	开放限购	正式发文
沈阳	6 月 11 日限购政策取消，9 月 12 日正式发文取消住房限购，第二套房首付回归 60%	
昆明	6 月 16 日网传取消限购，8 月 11 日正式发文	正式发文
呼和浩特	6 月 27 日取消商品房销售方案备案制度	正式发文
南京	7 月 22 日开放限购	网传
济南	7 月 10 日新房与二手房限购政策将全面放开	正式发文
厦门	7 月岛外限购全部解除，260 平方米以上住房的限购也有所放松；8 月 8 日调整开放	口头通知

（续表）

城市	具体政策	发布形式
南昌	7月除东湖区、西湖区、青山湖区、青云谱区外全部放开限购；8月12日起全面开放限购	口头通知
兰州	7月15日差别化限购，郊区限购松绑，9月4日正式发文	口头通知
南宁	7月16日限购调整	口头通知
长沙	7月17日网传取消限购，8月6日正式发文	正式发文
成都	7月17日取消限购	口头通知
武汉	7月19日140平方米以上住房取消限购	口头通知
长春	7月19日取消限购	口头通知
杭州	7月萧山区、余杭区取消限购，主城区内140平方米以上住房取消限购；8月29日起全面取消限购	正式发文
苏州	90平方米以上住房取消限购	
温州	新房、二手房等限购全面开放	正式发文
福州	7月22日限贷不限购	口头通知
衢州	7月22日取消限购	口头通知
西安	7月25日放松限购；9月1日起全面取消限购	正式发文
徐州	7月28日取消限购	口头通知
青岛	7月31日市区144平方米以上住房取消限购，9月2日放开市南区、市北区、李沧区、崂山区套型面积在144平方米以下住房的限购政策	正式发文
合肥	8月1日取消限购	正式发文

（续表）

城市	具体政策	发布形式
大连	8月1日放松限购	网传
绍兴	8月起取消对外籍户口家庭实施的限购	正式发文
太原	8月4日取消限购	正式发文
乌鲁木齐	8月4日放松限购	网传
哈尔滨	8月16日取消限购	正式发文
石家庄	7月2日取消限购，7月30日政策恢复	口头通知
贵阳	8月28日取消限购	正式发文
西宁	9月6日购房不再进行资格审查	正式发文
南京	9月21日取消限购	正式发文

资料来源：根据万得资讯及中银国际研究、《房地产周刊》资料整理。

表 6-8　各地限贷政策调整汇总

城市	具体政策	发布形式
安徽铜陵、六安、淮北	降低公积金贷款比例，提高额度	正式发文
广西壮族自治区	调整公积金个人住房贷款最高额度，差别化住房信贷政策	正式发文
芜湖	放宽公积金贷款条件	正式发文

关键政策仍有待进一步放宽

由于政策松动的出发点和落脚点主要是刺激本地经济，且缺乏全国性的统一安排，此次各地救市政策的效果短期来看并不明显，其对改善类住房需求的松动作用依然十分有限。

第一，政策松动并非着眼于刺激改善类住房需求，政策本身针对性较弱。由于政策松动的主要目的依然是稳定增长，加之在中央政府未明确表态之前，各地的松动政策更多地表现为遮遮掩掩、以试探性为主，基本围绕突破限购政策展开，所以政策的系统性、针对性不强，政策工具的选择和创新不够。虽然限购政策的突破对于改善类住房需求有一定的刺激作用，部分具有改善类需求的消费者重新具有了市场准入的权利，但实际上，因为限购政策实施时间较长，许多规避限购政策的做法已经十分成熟，所以真实获取政策红利的群体数量相对较为有限，惠及改善类住房需求者的则更为有限。

第二，政策松动力度依然不够，未能把握最佳出台时机。一是各地政策实施力度不一。以限购松动政策为例，有的地方政府正式发文全面取消，而有的地方则是选择非主城区或者部分城区作为限购取消试点区域；有的地方则以口头通知取代正式发文，政策的严肃性受到影响。二是不同政策松动力度不一。相比而言，限贷政策的松动力度更小，在 9 月 30 日中央银行正式发文松动贷款政策之前，各地对于限贷政策的态度差异很大，有的仅仅是通过政府发文呼吁的方式来争取政策松动空间，有的则在职权范围内调整公积金的发放力度，影响有限。总体而言，各类松动政策的出台均在市场深度调整之后，并且政策之间未形成时间和空间上的关联关系，政策组合拳的效应并未形成，因而对改善类住房需求未能产生整体松动的环境。

第三，流转环节关键财税政策并未出现松动。如果说限购、限贷主要是从市场准入方面影响改善类住房需求的进入，那么流转环节的税收限制则是通过增加交易成本来影响改善类住房需求的实质释放。前者在实际生活中往往能够通过一些手段加以规避，如假离婚、假结婚等，后者只能进行成本转嫁而很难规避，因而对改善类住房需求而言影响更大，尤其是在影响个体决策方面。而目前流转环节依然实施“未满 5 年全额征收营业税”等政策，对于增加改善类购房群体购房成本的效果十分显著，若流转环节的税收政策不进行调整，则很难有效释放改善类住房需求。

促进改善类住房需求的有序释放

改善类住房需求作为未来推动中国地产业持续发展的重要力量，理应得到大力维护和支持。一个健康有序的改善类住房市场必不可少。要进一步推动改善类住房市场的发展，应当从供给和需求两个方面推动现有政策樊篱的破解。

一方面，改善类住房需求是民众日益增长的物质文化生活需要的重要体现，应当尽可能得到满足；另一方面，在中国当前资源总体有限的大背景下，基于地产业可持续发展的考虑，改善类住房需求应该得到有序引导，合理释放。

1. 三方面政策突围推动改善类住房需求的释放

一是持续推动以市场化为核心的房地产市场长效机制的建立。即减少政策调控尤其是不合理行政调控对市场的误伤，为改善类住房需求释放营造良好的市场环境和氛围。当前最重要的工作，就是在市场条件允许的情况下，推动限购、限贷政策的有序退出，降低改善类住房市场准入门槛。在现有政策下，可以考虑将限购政策的退出扩大至一线城市，进一步加大个人购房的贷款优惠力度等。二是加快流转环节税收政策松动的步伐，切实降低改善类住房需求实现的经济成本。在市场已步入阶段性低谷的时候，可以分区域、有步骤地恢复部分流转环节的优惠政策。譬如，将满 5 年享受营业税减免降为满 2 年，对于以房换房的交易者给予个税减免等优惠。将目前以打压为主的流转环节税收政策逐步转换为支持和鼓励改善类住房需求的税收政策。三是建立与家庭负担相匹配的税收政策，鼓励合理的改善类住房需求。住房支出包括一次性购房支出、按揭还款支出和持有环节税收支出等，占家庭支出的极大比例。部分发达国家的经验是：在个税缴纳时，一般要参考家庭抚养人口、按揭还款压力等因素，尤其是按揭支出会结合家庭抚养压力在税前扣除，极大地支持了改善类住房需求的合理释放。因此，从长远来看，随着中国独生子女群体逐渐承担家庭抚养的主要责任，以及老龄化的加速到来，构建与家庭负担相匹配的税收政策势在必行。

2. 引导过度需求，推动健康发展

在推动改善类住房需求释放的同时，要十分警惕过度住房需求的爆发。虽然总体上来说，当前中国地产业消费需求基本上是国家经济水平不断提高和城镇化进程不断推进的客观反映，但是在局部地区和部分时期还是存在大量过度消费的问题。这种过度消费具体表现在两个方面：一是当前的消费需求超出实际需要，譬如市场上对超大住宅、超豪华商务楼的盲目追求；二是未来的消费需求被提前实现，譬如对负债消费的过度追求导致消费行为被人为地提前了十几年甚至是几十年。

过度消费的最直接结果就是需求大大超出了应有水平，使得供不应求的情况长期出现，进而促使房地产供给投入加大，结果导致地产业呈现透支发展的状态，大大超出了社会、经济、生态所能承受的范围。地产业的透支发展对其可持续发展的负面影响主要体现在两个方面：一方面，盲目扩大供给加剧了地产业对土地、能源、建材等资源的耗用，并激励了短期投资行为，这不利于地产业的可持续发展；另一方面，透支发展的地产业为了满足不断增长的消费需求，往往忽视了对影响地产业能耗的建筑工艺等科技水平的提高。

过度的消费需求不符合市场健康发展的要求，其结果必然是地产业的透支发展。当前房地产市场的过度消费已经对土地、能源、建材的保护和高效利用造成了极大的危害，从长远来看，这将不利于地产业的可持续发展。要改变这一现状，必须从改变消费者的消费习惯和消费理念入手，促使广大消费者树立起适度消费和合理消费的购房理念。然而合理的消费习惯和消费理念的形成并不能一蹴而就，它需要长时间的积累和培养。在当前条件下，通过税收和补贴两种手段来引导过度需求是一个较为恰当的办法。

对高档物业和别墅征收较高的物业税被证明是抑制过度消费尤

其是炫耀式消费的有力杠杆。对高档住宅和别墅征收较高的物业税可以有效地提高其使用成本，进而迫使少部分不具备消费能力的消费者退出这一消费领域，从而可以从根本上缓解消费者对高档住宅和别墅的过度消费。这不仅有利于地产业自身的健康发展，而且还能促进土地资源的集约利用，推动地产业的可持续发展。

提供购房补贴和租房补贴也是引导过度需求的有效手段。通过对购买中小户型房产的消费者提供适当的补贴，可以有效地激励消费者进行合理消费，提高中小户型的市场占有率和需求率，对房地产开发的集约发展具有重要作用，与对高档物业征收较高物业税的做法是殊途同归的。对租房行为进行大量补贴可以彻底扭转市场上“只买不租”或者“多买少租”的不良现象，使市场回归到一个较为合理的“租买比例”上来。这样可以盘活存量住房市场，减少不必要的开发面积，节约宝贵的土地、能源等资源。

推动改善类住房的有效供给

受制于当前的市场和政策环境，房地产市场尤其是住宅供给市场出现了“两头大、中间小”的局面，即致力于刚需产品和高端奢华类产品建造的开发商相对较多，以中间层为主要客群的开发商相对较少。[①] 因此，通过政策的引导，推动改善类住房产品的有效供给尤为重要。

1. 加强城市规划的刚性约束

加强城市规划的刚性约束，促进改善类住房产品的生产，需要从控制城市规模、调节土地使用用途、均衡城市发展三个方面入手，而要做到这一点必须首先解决好规划出台和实施过程中“政出多门”和“执行不力”的问题。必须将各职能部门相关职能进行有效整合，相关政策和规划能够相得益彰、相互配合，将土地使用规划和城市建设规划合二为一，共同发挥对城市建设和房地产发展的指导作用。在执行过程中，各部门能够有效配合，减少执行过程中的职能重复和职能漏洞，使得城市规划能够真正成为一个刚性约束杠杆。具体到城市规划的设计上，则应当强调城市规划对土地使用用途的调节作用。通过对土地使用用途的调节，鼓励改善类住房的开发，减少高档公寓和别墅的开发，推动土地的集约利用，从土地供应的角度保障改善类住房的开发总量。同时要强调城市规划对房地产开发模

---

① 虽然许多开发商都宣称产品的对象是首次改善或改善类客群，但就产品本身而言，出于最大化利润方面的考虑，基本上附加许多奢华元素，并不是真正为改善类住房需求服务。

式的引导作用。通过对建筑容积率、公共设置配置等具体指标的规定，保障地产业开发既符合生态、社会发展的需要，又符合改善类购房群体的基本要求。

2. 合理的财税政策激励市场主体

通过对相关金融和税收政策的设计，将其内化为经济成本或者收益，以此来激励市场主体投入到改善类产品的生产中来。一方面，对致力于改善类住房产品建造的行为进行激励。对那些切实进行改善类产品建造且具有良好市场口碑的企业给予金融和税收政策上的优惠，譬如贷款的便利和适当减免税收的政策；可以采取直接对企业的补贴，也可以通过对那些购买相关产品的消费者给予适当补贴的方式进行间接补贴，譬如办理按揭的便利和消费税的减免。另一方面，惩罚不正当的行为。通过减少贷款和提高税收的方法，对大量浪费土地、采用高消耗开发方式的企业进行惩治，提高这种开发方式的开发成本；通过征收高额消费税和提高使用成本等方式，对地产业的炫耀式消费行为进行限制，推动市场回归到以改善类产品为主的正常格局。

第七章

土地财政：从哪来，到哪去

从客观上来看，土地财政增加了地方政府财力，使得地方政府有条件、有手段、大规模、一揽子地推进城镇建设，逐步完善城镇基础设施建设和地方公共产品与服务的提供，进而促进了国家经济总量的增长、城市经济的发展以及城市建设的加强。

何为土地财政

近年来，地方政府对土地财政的过度依赖行为一直饱受外界的诟病，“土地财政摈弃论”更是几乎成为学术界和舆论界“一边倒”的共识，一时间一场关于“指责土地财政”的竞赛愈演愈烈。土地财政是否应该被彻底否定？中国地方政府面临的土地财政困局应该如何破解？这是当前各方关注的热点问题。

那么，何为土地财政呢？我们不妨先来剖析一下这个概念。按照《财政部关于加强政府非税收入管理的通知》规定，土地财政包括与土地相关的税收收入和非税收入。从构成上看，土地财政源于国有土地使用权在不同处置方式下相对应的收益及其延伸收益，主要由土地资产收益、土地类税收、行政事业性收费及抵押贷款收入四部分组成。其中，土地资产收益又由国有土地使用权出让收入、国有土地使用权交易的租赁和转让所得构成。

就财政管理体制而言，土地财政的主体属于地方政府预算外收入。由于政府体系对预算内资金的管理相对集权化和透明化，地方政府对于预算外资金的收支权限的自由度较大，后者是地方政府的软预算约束在现今阶段的重要体现。作为土地财政收入主体的土地出让收入在2007年之前先被纳入预算外的专户管理，再将扣除征地补偿和拆迁费用以及土地开发支出等成本性支出后的余额缴入地方国库，纳入地方政府性基金预算管理。2007年，国家对土地出让收入管理制度进行改革，将全部土地出让收入缴入地方国库，纳入地方政府性基金预算。总之，土地出让收入属于地方政府自己掌控的自有收入。与地方政府规范的预算内财政收支体系相比，土地财政又被称为“第二财政”，而前者为“第一财政”，由此形成了一定意义上的“二元财政”格局。

土地财政源起何故

黑格尔曾在他的《法哲学原理》与《小逻辑》中提出，“凡合乎理性的东西都是现实的，凡现实的东西都是合乎理性的”，即所谓的“存在即合理”。土地财政即是这种合理的存在。虽然从诞生到形成，它并没有一个严格的定义与完整的设计，甚至连“土地财政”这一名词的出处也无从查考，然而，时代选择了它，改革选择了它。土地财政困局的出现，从根本上说是地方政府在现行的财税体制下出于自身理性选择的无奈之举。

首先，地方事权与财权比例失衡是土地财政的外在驱动。20世纪80年代末至90年代初，中国的中央财政陷入了严重危机，财政收入占GDP的比重和中央财政收入占整个财政收入的比重迅速下降，中央政府面临前所未有的“弱中央”状态。正是这场财政危机让党中央、国务院痛下决心，1994年一场具有深远影响的分税制改革在中国拉开了序幕。分税制的实行，使中国的财政秩序发生重大变化，中央财政重获活力，然而地方政府却陷入困境。分税制实施后，地方政府的财政收入占整个财政收入的比重从1993年的78%下降到1994年的44%，并保持在40%—50%，2013年为近47%。相应的，中央政府的财政收入占整个财政收入的比重却明显上升，从1993年的22%上升到2013年的53%。与此同时，1993年地方政府所需承担财政支出的比重为72%，到2013年增加到85%。也就是说，地方政府用47%左右的相对财政收入支撑了85%的相对财政支出责任，这直接导致了分税制改革后地方政府事权与财权的不一致，地方政府长期缺乏资金，换言之就是“钱不够花”。

其次，“以GDP论英雄”的政绩考核观是土地财政的内在动因。财政分权改革以后，中央政府仍然掌握着地方官员的人事任免权，并确立了以GDP增长率为主要指标的经济考核体系，使地方官员通过相互竞争获得晋升。也就是说，通过经济分权与政治集权，中央政府能够提供激励和约束，从而保证了地方政府致力于经济发展。当政府绩效考评和管理体系不够完善、官员晋升机制及考核约束制度不健全、缺乏有效的责任机制和社会公众监督机制而难以做到权、责、利的结合时，行政管理体制中存在的一些激励机制（地方GDP的增长意味着官员的政治晋升和政治收益）就会迫使地方政府必然要大力发展经济。但是由于经济增长点的缺乏，地方只能靠投资拉动GDP。国家统计局数据显示,2013年中国GDP达到568 845亿元，其中资本形成总额对国内生产总值增长的贡献率高达54.4%。“钱从哪来”又成为地方政府投资的一个新难题。

与此同时，随着1998年住房制度改革和2003年土地招标、拍卖和挂牌等一系列制度的创新，土地市场大规模发展的历程正式开启。一方面，工业、住宅和商业用地的需求量在增加；另一方面，中国的人口矛盾不断凸显，土地资源的卖方市场局面推动了土地的不断增值。2013年，中国地方政府的土地出让金收入再创新高，达到39 073亿元，刷新了2011年31 500亿元的纪录，与2003年的5 421亿元相比，11年间增长超过6倍。土地出让金占地方财政收入的比重也一直保持在30%以上，2010年与2011年这一比重更是突破 60%，2013 年的比重也将近六成。可以说，土地财政支撑起了地方财政收入的半壁江山。财政部表示，土地出让金收入激增是因为国有土地使用权出让合同成交价款增加较多。国有土地使用权出让收入通常由四项政府性基金收入构成，除土地出让金收入外，还包括新增建设用地土地有偿使用费收入、国有土地收益基金收入和农业土地开发资金收入。2013 年地方政府土地出让金收入占国有土地使用权出让收入的 95%；新增建设用地土地有偿使用费收入 699.22 亿元；国有土地收益基金收入 1 259.67 亿元；农业土地开发资金收入 234.3 亿元。根据财政部最新数据显示，2014 年上半年，地方政府土地出让金收入破 2 万亿元，达 21 129 亿元，同比增长 26.3%，在财政收入增速乏力、地方财力吃紧的压力下，土地收入再创同期历史纪录。土地财政在地方政府财政收入中的主角地位始终稳固。

由于二十多年前的分税制改革将当时规模还很小的土地收益划给了地方政府，土地出让金及地产业、建筑业的营业税是地方政府可以独享的，这使得土地财政成为地方政府解决“钱从哪来”与“钱不够花”的双重难题的理性选择。地方政府中流行一种说法：“吃饭靠第一财政，发展靠第二财政（土地财政）。”可见，土地财政解决的是地方政府推动经济发展的“钱途”问题。

从客观上来看，土地财政增加了地方政府的财力，使得地方政府有条件、有手段去大规模、一揽子地推进城镇建设，逐步完善城镇基础设施建设和地方公共产品与服务的提供，进而促进了国家经济总量的增长、城市经济的发展，以及城市建设的加强。大量事实表明，地区和城市经济的发展和土地市场的活跃，与土地出让收入的增长存在紧密的联系。

地方债务与土地财政难舍难分

在追求土地财政的背后，我们不禁要问，为何地方政府对土地财政的依赖如此之深？为何二者如此难舍难分？在我看来，这背后的原因是地方政府普遍存在的沉重的债务负担。从表现形式来看，除了土地出让金收入外，土地财政还表现为以土地储备中心、政府性公司和开发区为载体向银行进行土地抵押的融资收入。现有法律法规对地方政府融资有许多限制，以土地财政为核心的地方政府的基本融资模式是“被逼无奈”和“夹缝中求发展”的结果。根据凤凰网公布的数据显示：2013 年全国有融资平台公司 6 576 家，涉及地方债务的政府部门和机构 25 590 个。国家审计署公布数据显示：2013 年 6 月底，由融资平台公司产生的地方债务达到 69 704.42 亿元，占地方债务的比重最高，为 38.96%，其中，负有偿还责任的债务达到 40 755.54 亿元。土地财政拓展了地方政府的融资空间，同时也放大了地方政府的债务负担。

实际上，国家审计署于 2011 年、2012 年、2013 年分别进行了三次政府性债务审计。2014 年上半年对 9 个省本级和 9 个市本级 2013 年 6 月底至 2014 年 3 月底地方债务的变化情况进行了跟踪审计。我们不妨从前三次审计结果来看看中国地方政府的债务现状到底如何。

如表 7–1 所示，从审计主体来看，2011 年的政府性债务审计针对全国市县级以上地方政府主体；2012 年的审计范围仅针对 3 个直辖市本级、15 个省及其所属的 15 个省会城市本级、3 个市辖区共计 36 个本级地方政府；而 2013 年的全国政府性债务审计共对全国 31 个省和 5 个计划单列市、391 个市、2 778 个县、33 091 个乡进行了审计。从融资方式来看，2013 年的审计较 2010 年新增了 BT 和信托融资等隐蔽性较高的融资方式。从审计原则来看，三次审计均坚持了“见人、见账、见物、逐笔、逐项审核”的原则。从审计主体和债项的数量来看，2013 年的审计共涉及 154 460 个主体、730 065 个项目和 2 454 635 笔债务，分别是 2011 年审计时的 1.79 倍、

1.95 倍和 1.31 倍。从审计的债务口径来看，均按照政府负有偿还责任的债务（即“直接债务”）、政府负有担保责任的债务和政府可能承担一定救助责任的债务（即“或有债务”）的口径来对政府性债务进行分类。

表 7-1　审计署三次政府性债务审计的基本情况对比

时间	2010 年	2012 年	2013 年
审计主体	所有涉及地方债务的政府主体	15 个省、3 个直辖市本级及其所属的 15 个省会城市本级、3 个市辖区，共计 36 个地方政府本级	31 个省和 5 个计划单列市、391 个市、2 778 个县、33 091 个乡
审计原则	见人、见账、见物，逐笔、逐项审核	见人、见账、见物，逐笔、逐项审核	见人、见账、见物，逐笔、逐项审核
主体数量	25 590 个政府部门和机构、6 576 家融资平台公司、54 061 个其他单位	903 个政府部门和机构、223 个融资平台公司、1 249 个经费补助事业单位、83 个公用事业单位、273 个其他单位	62 215 个政府部门和机构、7 170 个融资平台公司、68 621 个经费补助事业单位、2 235 个公用事业单位和 14 219 个其他单位
债项数量	373 805 个项目，1 873 683 笔债务	22 240 个项目，共 75 559 笔债务	730 065 个项目，2 454 635 笔债务

（续表）

时间	2010年	2012年	2013年
债务口径	政府负有偿还责任的债务；债务人出现偿债困难时，政府需履行担保责任的或有债务和可能承担一定救助责任的其他债务	政府负有偿还责任的债务、政府负有担保责任的或有债务和政府可能承担一定救助责任的其他相关债务	政府负有偿还责任的债务；债务人出现债务偿还困难时，政府需履行担保责任的债务和债务人出现债务偿还困难时，政府可能承担一定救助责任的债务
融资方式	银行、发行债券、其他单位和个人借款、财政拨付	银行贷款、信托贷款、融资租赁、售后回租、发行理财产品、BT、垫资施工、违规集资	银行贷款、BT、发行债券、应付未付款项、信托融资、其他单位和个人借款垫资施工、延期付款证券、保险业和其他金融机构融资、国债、外债等财政转贷、融资租赁、集资

资料来源：审计署2011年第35号公告、2013年第24号和第32号公告。

我们来看几组审计署公布的数据：

如表7–2所示，从债务规模来看，截至2013年6月底，全国政府性债务总额为30.27万亿元，较2010年年末和2012年年末分别增长73.27%和9.02%，其中，地方债务为17.89万亿元，较2010年年末和2012年年末分别增长66.93%和12.62%。整体上，2010

年年底至 2013 年 6 月底，地方债务总额大幅增长。

从债务结构来看，地方债务仍以直接债务为主，2013 年达到 108 859.17 亿元，占地方债务总额的 60.85%。同时，地方或有债务的占比有所增长，由 2010 年年底的 37.39% 上升至 2013 年 6 月底的 39.15%。特别是地方政府可能承担一定救助责任的债务较 2010 年年底增加 159.91%，占比由 15.58% 上升至 24.25%。整体上，直接债务仍然是地方债务的主要构成，但地方政府可能承担一定救助责任的债务规模快速增长，地方政府的或有负债风险敞口明显扩大。

表 7–2　国家审计署公布的政府性债务规模对比（单位：亿元）

政府层级	债务类型	2010 年年底	2012 年年底	2013 年 6 月底
中央	政府负有偿还责任的债务	67 548.11	94 376.72	98 129.48
	政府负有担保责任的债务	—	2 835.71	2 600.72
	政府可能承担一定救助责任的债务	—	21 621.16	23 110.84
	合计	67 548.11	118 833.59	123 814.04
地方	政府负有偿还责任的债务	67 109.51	96 281.87	108 859.17
	政府负有担保责任的债务	23 369.74	24 871.29	26 655.77
	政府可能承担一定救助责任的债务	16 695.66	37 705.16	43 393.72
	合计	107 174.91	158 858.32	178 908.66

（续表）

政府层级	债务类型	2010 年年底	2012 年年底	2013 年 6 月底
全国	政府负有偿还责任的债务	134 657.62	190 658.59	206 988.65
	政府负有担保责任的债务	23 369.74	27 707.00	29 256.49
	政府可能承担一定救助责任的债务	16 695.66	59 326.32	66 504.56
	合计	174 723.02	277 691.91	302 749.70

数据来源：审计署 2011 年第 35 号公告、2013 年第 24 号和第 32 号公告。

如表 7-3 所示，从政府层级来看，2013 年 6 月底省级、市级、县级、乡镇政府性债务分别为 51 939.75 亿元、72 902.44 亿元、50 419.18 亿元、3647.29 亿元。其中，负有偿还责任的债务分别为 17 780.84 亿元、48 434.61 亿元、39 573.60 亿元和 3 070.12 亿元，县级和乡镇政府负有偿还责任的债务占比较高，分别为 78.49%、84.18%。整体上，地方债务的刚性压力很大。

以山东省为例，根据山东省审计公布数据显示，截至 2013 年 6 月底，山东省各级政府（不含青岛市）负有偿还责任的债务为 4 499.13 亿元，政府负有担保责任的债务为 1 218.68 亿元，政府可能承担一定救助责任的债务为 1 389.99 亿元。加上青岛市，全省各级政府负有偿还责任的债务为 5 351.59 亿元，政府负有担保责任的债务为 1 346.07 亿元，政府承担一定救助责任的债务为 1 587.94 亿元。不仅如此，部分地方和行业的债务负担也比较重。截至 2012 年年底，有 4 个市本级、117 个乡镇政府负有偿还责任的债务率高于 100%；其中 2 个市本级、4 个乡镇政府 2012 年负有偿还责任债务的“借新还旧率”超过了 20%。从行业债务来看，截至 2013 年 6 月底，山东省政府还贷高速公路和取消收费政府还贷二级公路债务余额分别为 345.24 亿元和 14.27 亿元，债务偿还压力较大。

表 7–3　2013 年 6 月底地方各级政府性债务规模情况

政府层级	负有偿还责任的债务（单位：亿元）	负有担保责任的债务（单位：亿元）	可能承担一定救助责任的债务（单位：亿元）	债务合计（单位：亿元）	占比
省级	17 780.84	15 627.58	18 531.33	51 939.75	29.03%
市级	48 434.61	7 424.13	17 043.70	72 902.44	40.75%
县级	39 573.60	3 488.04	7 357.54	50 419.18	28.18%
乡镇	3 070.12	116.02	461.15	3 647.29	2.04%
合计	108 859.17	26 655.77	43 393.72	178 908.66	100%

数据来源：审计署 2013 年第 32 号公告。

审计结果显示，全国政府负有担保责任的债务和可能承担一定救助责任的债务的当年偿还的债务本金中，各年度由财政资金实际偿还的比率分别在 9.95%—19.13% 和 4.83%—14.64%。如表 7–4 所示，截至 2013 年 6 月底，全国政府负有担保责任的债务和可能承担一定救助责任的债务分别为 26 655.77 亿元和 43 393.72 亿元。按照上述财政资金偿还的最高比例 19.13% 和 14.64% 计算，两类政府的或有债务中，政府需要承担偿还责任的债务最高分别为 5 099.25 亿元和 6 352.84 亿元。那么，地方财政资金实际需要偿还的债务最高预计将会达到 12 万亿元。地方政府偿债的高峰期已经来临。以一线城市为例，各地审计部门公布的债务情况是，2014 年北京要偿还债务 1 940 多亿元，上海是 2 200 多亿元，而广州大约有 500 亿元债务要偿还。

表 7–4　2013 年 6 月底地方政府性债务余额未来偿债情况

偿债年度	负有偿还责任的债务（单位：亿元）	负有担保责任的债务（单位：亿元）	可能承担一定救助责任的债务（单位：亿元）	预计实际需要偿还债务的最高额（单位：亿元）	占比
2013 年 7—12 月	24 949.06	2 472.69	5 522.67	26 230.60	21.80%
2014 年	23 826.39	4 373.05	7 481.69	25 758.27	21.41%
2015 年	18 577.91	3 198.42	5 994.78	20 067.40	16.68%
2016 年	12 608.53	2 606.26	4 206.51	13 722.94	11.41%
2017 年	8 477.55	2 298.6	3 519.02	9 432.46	7.84%
2018 年及以后	20 419.73	11 706.75	16 669.05	25 099.58	20.86%
合计	108 859.17	26 655.77	43 393.72	120 311.26	100.00%

数据来源：审计署 2013 年第 32 号公告。

面对如此巨大的偿债压力，地方政府如果仅依靠地方税收收入能消化掉吗？现阶段必然不能！由于受到经济下行趋势的大环境影响，外需不振，内需难启，地方政府的税收收入增长乏力，甚至一些地方出现减少现象。

据山东的一位地级市税务局局长表示，他感觉自己夹在市领导和各税务分局下属之间两头受气，因为计划赶不上变化。“下面的一个区分局，今年的税收计划一个月都没有完成，其他分局也都没有完成任务。”最后，他们不得不改变税收计划数的计算方法，不再以2013年的任务完成数作为基数分解到2014年每个月，而是直接打电话到各个分局，问“这个月可以完成多少税收任务，就拿最新的任务数作为计划”。这位局长所在市2014年8月的财政收入数据显示，税收实际同比只增长了1.91%，远远低于以往年份。即使算上市里可以拿到的增值税和所得税税收分成，也根本不够地方政府总的任务数。另一个沿海经济大省江苏的情况也类似。

上述情况并不是个例。截至2014年8月已发布的地方财政数据显示：东部沿海发达省份呈现出财政收入增速较高，但增速逐月下滑；而西部资源省份的税收仍然为负增长，多靠非税收入支撑；中部省份的财政收入基本稳定，但增速回落明显。以东北地区的辽宁省为例，财政收入增幅自2014年一季度达到9.3%后逐月回落，前

8 个月财政收入增幅已经降至 2.4%，其中税收收入增幅仅为 1.3%，分别比年初预算增幅低 7.1 个百分点和 10 个百分点。时任辽宁省财政厅厅长陈广君认为，这些数字均为今年以来最低增幅，也是实施东北振兴战略以来同期最低水平。

由此看来，地方政府唯有依赖土地财政来偿还庞大的地方债务，事实也正是如此。从 1979 年至今，土地出让收入一直是地方政府的主要还债来源。2011 年对全国的地方政府性债务审计发现，截至 2010 年年底，12 个省级、307 个市级、1 131 个县级政府承诺用土地出让收入作为偿债来源，债务资金量占 37.96%；2013 年 6 月国家审计署发布的《36 个地方政府本级政府性债务审计结果》显示，截至 2012 年年底，11 个省级、316 个市级、1 396 个县级政府承诺以土地出让收入偿还的债务余额为 3.49 万亿元，占省、市、县三级政府负有偿还责任债务余额 9.36 万亿元的 37.23%。

2014 年 4 月，《中国经济周刊》、中国经济研究院联合研究并发布《中国 23 个省份“土地财政依赖度”排名报告》（以下简称《报告》）。《报告》显示，从 23 个省市“承诺以土地出让收入偿还债务总额”的绝对值，即此类债务总额来看，排名依次为北京、浙江、上海、四川、辽宁、湖北、广东、重庆、山东、天津、福建、江西、湖南、安徽、河北、广西、黑龙江、陕西、吉林、海南、山西、甘肃，江苏未公布数据；从23个省市的土地财政依赖度，即“土地偿债在政府负有偿还责任债务中占比”来看，排名依次为浙江、天津、福建、海南、重庆、北京（估算）、江西、上海、湖北、四川、辽宁、广西、山东、江苏、安徽、黑龙江、湖南、广东、陕西、吉林、甘肃、河北、山西。

《报告》还显示，从土地偿债在政府负有偿还责任债务中占比来看，23个省市中，浙江省以66.27%排名第一，天津以64.50%排名第二。换句话说，在浙江、天津两地政府负有偿还责任的债务中，有2/3的份额要靠卖地来偿还。浙江省审计厅公布的审计公告中明确指出，地方债务偿还对土地出让收入的依赖程度较高。2012年年底，浙江省、市、县政府负有偿还责任的债务中，承诺以土地出让收入为偿债来源的债务余额为2 739.44亿元，占省、市、县三级政府负有偿还责任债务余额4 133.91亿元的66.27%。排名靠前的北京在“承诺以土地出让收入偿还债务总额”的绝对值上排名第一，但未给出其在相同统计截止日期内占整体债务的相对比值。根据北京市审计局公布的数据，截至2012年年底，其土地偿债规模高达3 601.27亿元，位列23个省份之首。而截至2013年6月，北京市、县两级政府性债务余额为6 496亿元，最近三年年均增长33%。据此测算，截至2012年年底，北京市地方债务规模应当在6 000亿元上下，即北京市土地偿债在整体债务中的份额应在50%—60%。而占比最小的三个省份分别是甘肃（22.4%）、河北（22.13%）和山西（20.67%）。这意味着，即使对土地偿债依赖度较小的省份，也至少有1/5的债务要靠土地来偿还。

不言而喻，土地财政合乎当下地方财政现状。中国社会科学院财政税收研究中心秘书研究员张斌认为，目前地方政府的债务主要用作基础设施建设，如果用正常年度的财政收入去偿还，那么压力是很大的。“比如地方借100个亿来修地铁，这笔钱可能在该地区年度财政收入中占比很大，所以卖50亿的地去为长期建设融资，这在资金角度是合理的。”地方政府的长期建设融资需要通过债务来解决，比如按照项目进度发行长期市政债券，期限可以是10年、20年，甚至30年，等项目建成之后，再从每年的税收和财政收入中拿出一部分划入偿债基金进行还债，这样就解决了资金匹配的问题。“可是，由于中国地方政府没有举债权，也没有担保的权利，因此地方政府采取的两个办法是设立融资平台公司和卖地。”张斌说，大体上看，通过卖70年的土地使用权来解决修建回报期漫长的基建项目的资金问题，避免了对经常性财政收支的冲击和压力。华远地产董事长任志强也曾公开表示：“地方政府没有土地财政就活不下去了，很明显对土地财政的依赖性在短期之内是无法改变的。”

土地财政并非中国专利

综观全世界，很多发达国家也都依靠土地财政，土地财政并非中国专利。但是，国外主要通过对存量土地征收物业税、房产税等方式创造地方财政收入，税收型土地财政模式是它们共同的选择。我们来看几个例子。

加拿大于1873年首先开始征收土地税，后来各国相继仿行，加拿大的土地税是合并在不动产税内征收的。居民买了房屋就同时买了土地，所以计税时也把房屋建筑物等不动产包括在内。因此，加拿大的土地税也就是不动产税，其税基包括两个部分：一部分是土地，另一部分是建筑物和其他不动产。加拿大的不动产税是从不同环节进行征税的，分别对土地的保有和转移进行征税。对土地保有的征税又包括对土地所有和出租进行征税，而对土地转移的征税则又包括对转移行为本身和转移时所发生的增值进行征税。加拿大的不动产税具体主要包括：不动产保有税，即不动产税，由地产所有者每年按时缴纳；不动产转让税；营业性不动产税等。加拿大没有全国统一的不动产税税率，税率主要依据各地方政府的收支状况自行规定。不动产税税率的确定权在地方议会，地方政府广泛征求社会各界的意见，力求税赋公平公正。各省、市的不动产税大多采用不同税率征收，以此抑制贫富差距的拉大。不论是谁都要依法缴税，原则是收入较高的人缴纳更多的税，而收入低者则享受相对较低的税率。

美国独立之初，政府财政入不敷出。为迅速增加联邦及州政府的财政收入，美国政府通过一系列土地法案将西部土地收归国有，再通过出售和赠予等手段将这些土地转为私有，从而获得土地出售收益。内战前，美国土地财政收入以国有土地出售收入为主，形成租金型土地财政模式。内战以后，土地税收是美国土地财政收入的主要形式。1942 年，美国政府的财产税收入占地方财政收入的比例高达 92.2%，到 1977 年下降到 80%，而 2007 年则下降到 72%。美国实行联邦政府、州政府和地方政府的三级分税制，联邦和州有税收立法权，地方政府没有税收立法权，只能在州指定的税法约束下征税。美国的土地保有税（即房地产税）归在财产税项下，税基是房地产评估值的一定比例，是美国地方政府公共财政的主要收入来源，地方政府财政收入的 70% 依靠房地产税。

澳大利亚采用分税制，实行联邦、州和地方三级课税制度，土地税是州政府征收的主体税种之一。为了加强地方政府对土地资源使用情况的监管力度，充分发挥州政府对土地市场的宏观调控作用，新南威尔士州现行的税法规定，土地税的征收范围包括州内的所有地区。居住、商业和工业用地，以及从州或政府租来的土地和闲置的土地（包括农村的闲置地）都是土地税的征收对象。纳税人不仅包括土地的所有人，还包括委托的代理人和受益人。澳大利亚以未改良土地的市场价值作为计税依据，这样能够抑制市场上土地不合理价格的形成，使土地资源达到有效配置，具有较好的税收调节性，并且可以降低评估成本，同时也避免了由于经济中的不稳定因素而造成的计税价格和实际价值相脱离的现象。

19 世纪中期，英国形成了以大地产所有者为主、小土地所有者广泛存在的土地结构。1693 年，英国议会授权国王征收土地税。土地税是英国近代税制的第一块奠基石，税率一般为 10%，土地税成为政府收入的可靠来源。随着社会经济发展，英国的土地税税制也不断调整完善。英国现行房地产保有税将土地、房屋和建筑物合并征收房屋税，是地方政府财政收入的重要来源。

在从封建幕府向资本主义社会演变的过程中，日本的土地财政模式经历了由租金型土地财政向税收型土地财政的转型。“二战”以后，日本政府接受了美国提出的“夏普劝告”，参照美、英等国的制度模式，对财税制度进行全面改革，逐步形成了较为完善的特定税收体系，开征地价税、特别土地保有税、固定资产税、都市企划税等税种。

俄罗斯则是对税制进行改革，在中央集中税收立法权的同时，赋予地方一定的税收管理权限。为了与财政制度转型相适应，土地财政模式转型为税收型。根据俄罗斯的税法，土地税是全国性的地方税种，包括土地税、土地租金和土地标准价格三种形式。土地税费收入、国有土地出租出让收入必须按规定纳入财政预算，并规定用途和支出范围。

由此可见，相同的是，国外地方政府也有土地财政；不同的是，它们的土地财政收入主要是依赖财产税。财产税不仅能保证地方政府的财政收入相对稳定，而且也充分地保证了社会的公平性。

“卖地财政”蕴含巨大风险

中国的土地财政是顺势产生的，具有存在的合理性与必要性。那么，可能有人不禁要问，地方政府对土地财政的过度依赖难道就完全不存在隐患吗？我们真的可以完全放之任之吗？答案是否定的。如今，地方政府的“土地财政依赖症”背后确实隐含着一些问题，但是，土地财政本身并没有问题，有问题的是中国独特的土地财政模式，即“卖地财政”。

地方政府利用卖地获得城市基础设施建设的资金，城市建设空间范围迅速扩张，每一届政府都在把这种模式放大，这也正是目前许多城市发展的主要模式。空间上的扩张导致城镇化的成本越来越高，因为城市的空间摊得越大，所需要的基础设施投资就越巨大，服务业发展也会受到限制，而服务业本身是城镇化最有发展前景的产业，会形成对工业就业的替代效应。但国际经验显示，服务业要求城市建设以高度聚集来降低服务成本。空间越分散，服务业的成本就越高，城市摊得太大，政府治理的成本就越高，就得继续卖地。于是地方财政更进一步地依赖土地，周而复始，恶性循环。

卖地财政蕴含的风险主要体现在三个方面：

第一，卖地财政是不可持续的。土地具有不可再生的有限性以及地域的固定性，是一种稀缺的自然资源。2009 年出版的《城市蓝皮书：中国城市发展报告》显示，目前中国城市可以利用的土地资源已接近极限。因为 8 亿亩的耕地红线是保证中国粮食安全的警戒线，而中国东南沿海发达地区的城市扩张，导致城市已经没有可开发的土地空间了。土地资源的有限性决定了卖地财政的不可持续性。以卖地来生财的土地财政，实质是地方政府依靠土地换取财政增长。但土地的用途难以变化，所以土地这种“财源”是有限的、不可持续的。卖地财政的不可持续还会扭曲地方政府的行为。本届政府获得的土地出让收入往往是一次性预支了未来若干年的土地收益之和，相当于提前支取了后面一届或几届政府的收入，是一种对土地收益的透支。政府任期与土地出让期限的不匹配、不对称，政府任期短而土地出让期限长，更促使现任地方政府为了短期利益而乐于寅吃卯粮、竭泽而渔，根本不考虑下一任政府官员如何解决财政收入的问题。这种主要依靠卖地财政建立的城市经济发展模式也是不可持续的。

第二，卖地财政常常伴随着寻租行为。一些实权单位或个人利用职务之便，滥用审批权，土地审批手续不合理、数量不相符、价格不透明等现象屡见不鲜。一些土地在“招拍挂”出让后，开发商只缴纳保证金就开始用地，长期拖欠余款不缴，或能协商减免余款。贵州省的一位基层干部表示，减免土地出让金主要是为了吸引客商投资。此外，怎么缴以及减免多少都是主要领导的一句话，里面存在巨大的寻租空间，“使土地出让成为贪腐重灾区”。同时，政府卖地收入旨在为城市建设和政府日常开支筹款，但在实际工作中常伴随着款项截留、“三公支出”等问题。2014 年 3 月的全国两会《政府工作报告》首次提出，要对土地出让金收支和耕地保护情况进行全面审计。国务院总理李克强曾表示，对于社会公众高度关注的一些领域，比如土地出让金收入等，政府要全面审计，要通过一系列的制度性措施，让权力寻租行为、腐败现象无藏身之地。这也从侧面反映了当前的卖地财政促使了权力寻租行为的滋生。

第三，卖地财政导致土地资源的浪费性开发。在中国城镇化过程中，城镇建成区快速增长，而集聚的人口则明显滞后，即土地城镇化快于人口城镇化。由于地方政府需要以不断增加的财政收入来支撑当地的城市建设，而财政收入的增加又依赖于土地出让收益，这促使地方政府无节制地扩张城市用地规模。而缺乏足够的人气导致了多地出现空城现象，这进一步导致土地资源的严重浪费。

中国可以效仿国外征收物业税吗

前面说到，土地财政是全世界普遍存在的，有其存在的合理性，中国土地财政问题的关键在于中国特色的卖地财政。那么，是不是说我们可以仿效发达国家，通过开征物业税、房产税来解决问题呢？我认为，这条路是行不通的。早在 2003 年中共十六届三中全会上就提出了开征物业税问题，但这项工作至今无法得到实质性进展，其原因主要有两点：

1. 中国目前根本不具备开征物业税的基本条件

第一，现行土地制度决定了开征物业税在法理上不通。物业税是以房地产为课税对象，基于价值增值而征收的税种。在建造房屋的诸多生产要素中，除土地外，像水泥、砖石等建筑材料皆为损耗品，房屋建成后它们便会不断折旧贬值。那房价上涨的道理何在呢？在于土地增值。从根本上讲，房屋的增值即为土地的增值，物业税的真正征缴对象也是土地。因位置固定、数量稀缺，在全球城镇化持续推进的今天，城市土地面临着巨大的供需矛盾，加之城市的基础设施不断完善，使得城市土地价值不断上升。通过物业税的形式与土地所有者一起分享土地增值也就成为诸多国家的通行做法。物业税的真正课税对象既然是土地，土地所有者才应是物业税的纳税主体。在资本主义国家，土地多为私有，政府对土地所有者征税无可厚非。但在中国，因土地公有，国家才是城市建设用地的真正拥有者，房屋所有者只获得了一定时期内的土地使用权，而且还支付了代价——租金。政府作为土地所有者向土地使用者征收这种财产税在法理上是说不通的。

第二，现行房地产法律体系不支持物业税的开征。税收作为国家剥夺纳税人财产的合法手段，强调严格的税收法定，物业税的开征必须建立在完善的法律制度基础之上。中国的房地产税种主要有房产税、城镇土地使用税、土地增值税、营业税、城市建设维护税、企业所得税、个人所得税、印花税、契税和教育费附加，共9种税和1个附加，其中大部分税种是针对房地产流转环节设计的。除税收外，中国房地产领域并未建立起全国统一的行政收费制度，各地行政收费项目繁多、标准不一。据统计，目前中国房地产领域的收费项目高达上百种，如城市基础设施配套费、城市道路占用挖掘费、防空地下室易地建设费、噪声超标排污费、建设工程施工图纸设计审查费、工程勘察设计费、建设工程监理费等。如果开征物业税，将房地产领域的税费向保有环节倾斜，就势必要对上述税费进行清理与合并，而一系列相关法律法规，如《税收征收管理法》《房产税暂行条例》《土地增值税暂行条例》《耕地占用税暂行条例》等也需进行相应的修订。但在中国，法律法规的修改与废除是一项严肃的工作，有的需要经全国或地方人大批准，有的需要国务院及地方政府批准。具体来讲，属人大立法性质的，要由全国人大或地方人大讨论批准；属行政法规的，则要由国务院、国务院直属部委或地方政府讨论批准。在这一过程中，相关利益主体的博弈会增加新法律法规的实施难度，拖延实施时间。

第三，当前的产权产籍管理状况使得物业税的纳税人难以确定和明晰。房地产产权是开征物业税的关键。市场经济成熟的国家的物业税征收是建立在一套完整的房地产产权登记系统之上的，具体包括每处房地产的四至、面积、所有权人姓名（名称）以及使用状况等内容。中国目前虽然也有产权产籍制度，看起来也比较完善，但更新不及时，甚至无法更新或人为不更新的情况明显存在。自1985年中国进行第一次全国城镇房屋普查至今，类似的普查便再未进行过，我们并不清楚到底有多少房屋存有产权争议或者属于无主房。虽然近年来新建商品房的产权证大都是开发商代为办理，产权较为明晰，但此前有一定比例的房屋存在权属争议，有的甚至存在登记混乱的情况。在具体实践中，为降低税费支出，许多中小城镇的业主在二手房交易时根本不办过户手续，只签订一个民间契约并附带两个证人即可。

第四，房地产评估困难使物业税开征面临操作难题。不管采用何种征税模式，房地产的价格都是物业税的课税依据，评估准确与否将直接决定着物业税开征的效果，但中国目前无论在法律架构上还是在人员配置上都还未达到开征物业税所需的条件。一方面，缺乏房地产估价相关法律法规。随着《房地产估价机构管理办法》《注册房地产估价师管理办法》等规章和规范性文件的出台，中国已经初步建立起了房地产估价制度。但这对于开征物业税来说显然还不够，尽管《城市房地产管理法》明确了房地产估价制度的法律地位，但关于估价的专门法律却一直处于空白状态。散落在各项规章或规范性文件中的有关规定，还不能为估价规范、规程以及执业道德标准等提供系统、权威的法律依据。另一方面，房地产估价人才匮乏。由于房地产具有单件性，房屋的房龄、朝向、结构、装修状况、区位、周边基础设施建设状况、自然环境等诸多因素都会影响房价，甚至一个非正常死亡事件也会导致房地产明显贬值。房地产估价仅仅借助于技术手段将难以得出准确结论，还需有专业估价人员进行深入估价。但中国实施房地产评估师职业资格制度较晚，据统计，到目前为止全国取得房地产估价师执业资格的仅有 3.5 万人，这相对于全国 660 多个城市庞大的房地产数量来说显然是微不足道的。

第五，复杂的土地使用类型和房产类型增加了物业税税率的设定难度。明确、公平的税率是税收征缴的操作前提。开征物业税首先要确定好相应的税率，但因一系列历史问题和现实原因，中国目前有多达二三十类的房屋建设政策，它们又各自对应着不同的土地政策和税费政策，如从土地来看就有城镇土地与农村土地之分、出让土地与划拨土地之分，以及历史遗留下来的既非出让又非划拨的土地，这些土地还要分为军事、宗教、国家机关、工业、仓储、商业、居住等多种用地类型。对具体的房产来说，除类型有差别外，还存在新房与旧房、个人用房与出租用房、一套用房与多套用房等不同问题。如何为上述不同房地产确定合适的税率也是政府面临的难题。

第六，严重的税收抵触情结使得物业税征收的阻力重重。因文化传统、法制环境以及现行财政体制的制约，中国目前征收物业税的社会条件并不充分，物业税的课征势必会遇到巨大阻力。这种阻力一方面来源于纳税人主观上难以接受，另一方面则源于地方政府的抵制。中国的法制和文化环境与西方发达国家完全不同。中华人民共和国成立后，政府虽然对一些应税项目开征过财产税，但因私人财产一直缺乏充分的合法地位，财产税的税源过小，致使中国财产税体系建设迟缓，公众纳税意识薄弱。另外，物业税的开征不像所得税那样能从收入源头上进行代扣，它需要纳税人定期、直接缴纳，这就使得纳税人对物业税的敏感度更高。据搜房网的一项调查显示，支持开征物业税的人数仅占被调查者的 8%，而不支持者的比例则占到了 90.75%。此外，开征物业税势必会对房地产市场需求造成一定的冲击，土地出让金随之“水降船低”，地方政府的财政收入便会大幅减少。如果把土地出让金并入物业税中一起逐年回收，则相当于每年可收取的土地出让金基本没有了，地方财政收入规模就会大大减少，形成“塌陷”，进而将直接威胁到地方政府的生存。

这触动了地方政府的自身利益，使其对开征物业税抱有抵制态度。

2. 中国目前尚缺乏可行的征收物业税的操作思路

一般认为，大多数国家和地区征收物业税的操作路径主要有三种：一是根据房地产面积征收，如德国、智利、肯尼亚等；二是根据房地产市场价格征收，如日本、加拿大等；三是根据房地产租金额征收，如印度、澳大利亚等国家，以及中国香港等地区，但这其实具有所得税性质，所以物业税的征收路径只有前面两种。除此之外，还有一些学者基于中国国情提出三种物业税征收方法，即根据家庭人均居住面积、容积率以及家庭拥有住宅数量征缴。但这六种征税方式都存在强烈的公平与否的争议，甚至存在征管隐患，不具备可操作性。

第一，按照套型面积征收。若将征税依据设定为套型面积，则要对档次、质量、地段各异的同面积住宅征收数量相同的物业税，这显然不符合公平原则。另外，随着城镇化进程的加快，城市郊区的农地不断被征用，进城的农民大多要求实物补偿，人均居住面积往往高于城市平均水平，加之农村三、四代同堂的家族式聚居形式较多，且更早地享有国家“生二胎”的优惠政策，或存在超生现象，其户均人口数一般大于4。以上两大因素使得农村拆迁户所得实际房屋面积过大。如果按套型面积征收物业税，这些人势必要承担较大的税负压力。可见，这个思路不仅有失公允，其操作难度也很大。

第二，按房屋市场价格征收。改革开放至今，中国的城镇化进程不断加快，大量人口涌向城市，住房供需关系出现失衡现象，这使得城市住房价格不断攀升。因地段对房屋价格影响巨大，城市房价的形成一般遵循约翰·杜能（Johann Thünen，1783—1850）的区位理论，即城市房价呈现由中心向四周不断下降的规律。市中心的房屋有很大一部分是老房子、旧房子，有些虽早该拆除，但拆迁改造困难重重、成本高昂。在每个城市中心，20 世纪七八十年代的旧房子都大量存在。这些房子虽然户型较小，质量和环境已经很差，但区位优越，社区配套成熟，所以单价较高。如若按房屋市场价格对其征收物业税，应纳税额也会较大。但这些房屋的业主大多为低收入阶层，工作不稳定且收入较少，有些甚至处于下岗状态，高额物业税会成为其巨大的经济负担，征收难度也很大。

第三，按房屋租金水平征收。与西方国家不同，中国多数住房为自住房屋，中小城市的住房租赁市场规模很小，并不发达，房屋租金难以准确衡量。由于租赁活动较少，可参照的合同就少。另外，为了逃税或逃避政府监管，目前大部分房屋租赁活动都处于“地下状态”，比如有很多住房名为借用，实为出租。商业项目的租赁状况好一些，但也存在阴阳合同问题，这都给按这种思路征收物业税的实施带来了难度。

第四，按容积率征收。按容积率征收看似公平合理，但仔细研究便会发现其中也面临巨大困难。中国正处于大规模城镇化阶段，一些经济发达地区（如珠三角地区、长三角地区、环渤海区域以及直辖市、省会城市周围等）城市规划面积迅速扩张，原先分布在城市周边的农村被纳入城市版图，被鳞次栉比的高楼大厦所包围。形成大量“贫民窟”与“城中村”。另外，各个城市还都存在大量未改造的平房区和低层住房区，这些区域的容积率较低，若将容积率定为课税依据，这些房屋对应的税额就会很高。但这些房屋的业主收入往往很低，较难负担高额税款。因此，按容积率征收物业税不仅难以保证公正性与公平性，而且还面临巨大的执行困难。

第五，按家庭人均住宅面积或家庭住宅套数征收。每个社会都会存在鳏寡孤独群体，他们尽管可能一户只有一间房，但人均住房面积可能较高。这些人的实际收入微薄，将家庭人均住宅面积作为征税依据，淡化纳税人的工作及收入状况，势必也会对社会公平造成一定冲击，引发征管矛盾及其他社会问题。而若将家庭住宅套数作为征税依据也将遇到公平与否的问题，比如规定对第二套及第二套以上的住宅征税，对第一套免税，则拥有两套 60 平方米小户型住宅的家庭就需要缴税，而住别墅或 180 平方米大户型住宅的家庭却可以免税。另外，如果将缴税多少与家庭拥有住房套数直接挂钩，那么可能诱使家庭分户和假离婚等现象大量涌现。

隐藏在卖地财政冰山下的问题本质

中国地方政府的“土地财政依赖症”问题不在于土地财政本身，而在于其不同于经济发达国家的土地财政形式，即卖地财政。透过现象看本质，隐藏在卖地财政冰山下的核心问题，是中国畸形的经济发展链条。

面对外需不足、内需难启的状况，地方经济的发展只能靠政府投资拉动，而政府投资会加大其财政负担。在分税制体制背景下，地方政府财源有限，再加上其他部类经济发育不良，就会积累大量债务。地方政府只有靠卖地来消化巨大的债务。然而土地资源是有限的，允许开发的土地迟早会被占满，卖地财政是不可能持续的，同时，国外征收物业税的土地财政形式在中国又行不通。那么，迟早有一天政府将难以获得足够资金，因此要发展市场经济，振兴其他行业，寻找新的经济增长点。所以说，中国土地财政既涉及财税体制的问题，即如何恰当地分配财政收入，也涉及经济结构调整和发展方式转变的问题，即如何改变以土地为诱饵吸引投资、以卖地财政拉动地方经济发展的不可持续的发展路径。

财政部公布的数据显示，2014 年上半年，中国国内生产总值 269 044 亿元，同比增长 7.4%，经济下行明显。同时，全国财政收入 74 638 亿元，同比增长 8.8%。财政收入结束了数十年的两位数增长，回落到与 GDP 增速相仿的水平。这是中国经济发展与财政收入的新常态，而这种新常态已经开始“倒逼”改革。

那么，深化改革路在何方？这才是现阶段最紧迫的命题之所在。